Motivation von Mitarbeitern

Motivation
von Mitarbeitern

von

Friedemann W. Nerdinger

Hogrefe · Verlag für Psychologie
Göttingen · Bern · Toronto · Seattle

Prof. Dr. Friedemann W. Nerdinger, geb. 1950. Studium der Psychologie in München. 1989 Promotion. 1993 Habilitation. Seit 1995 Professor für Wirtschafts- und Organisationspsychologie an der Universität Rostock. Arbeitsschwerpunkte: Psychologie der Dienstleistung, Arbeitsmotivation und -zufriedenheit, Extra-Rollenverhalten, virtuelle Gruppenarbeit.

Bibliografische Information Der Deutschen Bibliothek

Die Deutsche Bibliothek verzeichnet diese Publikation in der Deutschen Nationalbibliografie; detaillierte bibliografische Daten sind im Internet über http://dnb.ddb.de abrufbar.

© Hogrefe-Verlag GmbH & Co. KG, Göttingen · Bern · Toronto · Seattle 2003
   Rohnsweg 25, 37085 Göttingen

http://www.hogrefe.de
Aktuelle Informationen • Weitere Titel zum Thema • Ergänzende Materialien

Umschlagabbildung: ©Novastock/f1online
Gesamtherstellung: AZ Druck und Datentechnik GmbH, 87437 Kempten
Printed in Germany
Auf säurefreiem Papier gedruckt

ISBN 3-8017-1484-5

Vorwort

Das Thema „Motivation" hat in den letzten Jahren eine erstaunliche Karriere gemacht. Grellster Beleg dafür sind sogenannte „Motivationstage", bei denen selbsternannte Motivationsexperten ihr nicht selten an die tausende zählendes Publikum in Ekstase reden. In immer neuen Varianten verkünden sie dieselbe schlichte Botschaft: „Du kannst alles erreichen, was Du willst!" Als Beleg für diese These genügt der Verweis auf die Person des jeweiligen Gurus und die spektakuläre Demonstration des Laufs über glühende Kohlen. Derart benebelt wankt das Publikum aus dem Saal und muss bald ernüchtert feststellen, dass sich die Welt weiter dreht wie eh und je.

Die gebetsmühlenhafte Wiederholung simpler Botschaften bringt sie der Wahrheit nicht näher, die Welt ist offensichtlich etwas komplizierter, als uns manche Leute weismachen wollen. Vermutlich ist aber genau das ihr Erfolgsrezept: Je komplizierter die Welt wird, desto mehr sehnen sich Menschen nach schlichten Erklärungen. Je mehr man sich als Spielball unkontrollierbarer Mächte erlebt, desto gieriger wird die Botschaft aufgenommen, dass man eigentlich der Herr seiner Welt sei: Man muss nur wollen!

Wissenschaftlich betrachtet ist es Aufgabe der Motivationspsychologie, Verhalten zu erklären. Was kann die Wissenschaft in dieser Situation bieten? In den letzten Jahren und Jahrzehnten hat die Erforschung der menschlichen Motivation große Fortschritte gemacht. Wie immer, wenn sich Wissenschaft intensiv mit Fragen über die Natur der Dinge auseinandersetzt, stellte sich heraus, dass die Erklärung menschlichen Verhaltens sehr viel komplexer ist als bislang angenommen. Die wissenschaftliche Psychologie entwickelt sich also zur Pop-Psychologie diametral entgegengesetzt. Das führt bei manchen Wissenschaftlern zu einer Art Trotzreaktion – sie ignorieren das Publikum, das auf simple Heilsbotschaften hereinfällt und verdunkeln den ohnehin komplizierten Erkenntnisstand durch gelehrtklingende Begrifflichkeiten und hölzern daher stolzierende Sprache zusätzlich.

Hier wird der Versuch gemacht, einen anderen Weg zu gehen. Die Komplexität des Phänomens „Motivation" soll respektiert, dabei aber so aufbereitet werden, dass diejenigen, die sich für dieses Phänomen interessieren – vor allem Personalmanager und Führungskräfte, zu deren wichtigsten

Aufgaben die Motivation der Mitarbeiter zählt –, aus den gewonnenen Erkenntnissen möglichst großen Nutzen ziehen. Ein anderer Weg ist nicht zu verantworten. Wer die Welt nicht so sehen will, wie sie ist, und nicht akzeptiert, dass der Mensch sich nie sicher sein kann, ob er die Wahrheit über die Welt kennt, der ist buchstäblich weltfremd. Weltfremdheit ist aber die denkbar schlechteste Voraussetzung für die verantwortungsvolle Aufgabe der Motivation von Mitarbeitern.

Neubukow, im Mai 2003   Friedemann W. Nerdinger

Inhaltsverzeichnis

1	**Motivation: Eine zentrale Führungsaufgabe**	1
1.1	Die Erklärung des Verhaltens	1
1.2	Motiv, Anreiz und Motivation	2
1.3	Wie erkennt man die Motive der Mitarbeiter?	4
1.4	Ziele der Motivation	6
1.4.1	Leistung und Zufriedenheit	6
1.4.2	Unternehmerisches Verhalten und Bindung an die Organisation	12
1.5	Perspektiven der Motivation	14
2	**Motivation: Motive, Anreize und ihre Wirkung**	15
2.1	Die grundlegenden Motive	15
2.2	Betriebliche Anreize	17
2.2.1	Die Ordnung der Anreize	17
2.2.2	Motivation durch gezielte Gestaltung der Anreize	19
2.3	Intrinsische Motivation: Die Gestaltung der Tätigkeit	22
2.3.1	Dimensionen der Qualität von Tätigkeiten	22
2.3.2	Tätigkeiten motivierend gestalten	25
2.4	Motiviert Geld?	29
2.5	Fazit	32
3	**Motivation: Der Weg zum Ziel**	33
4	**Vor der Entscheidung: Wählen**	35
4.1	Was bestimmt eine Entscheidung?	35
4.2	Anwendungen im Mitarbeitergespräch	41
5	**Vor der Handlung: Ziele setzen**	45
5.1	Prozesse der Zielsetzung	45
5.1.1	Zielbindung	47
5.1.2	Selbstwirksamkeit	48

5.1.3 Rückmeldung 49

5.1.4 Komplexität der Aufgabe 50

5.1.5 Wie wirken Ziele? 50

5.2 Vorgehen im Zielvereinbarungsgespräch 52

5.2.1 Welche Arten von Zielen gibt es? 52

5.2.2 Welche Inhalte haben Ziele? 53

5.2.3 Wie sollen Ziele formuliert werden? 54

5.2.4 Zielbindung herstellen 58

5.2.5 Selbstwirksamkeit positiv beeinflussen 58

5.2.6 Komplexität der Aufgabe beachten 59

5.2.7 Rückmeldung geben 59

6 Während dem Handeln: Sich selbst motivieren ... 61

6.1 Grundlegende Prozesse der Selbstmotivation 61

6.1.1 Selbstbeobachtung 62

6.1.2 Selbstbewertung 64

6.1.3 Selbstbelohnung/-bestrafung 65

6.2 Methoden der Selbstmotivation 66

6.2.1 Selbsteinschätzung: Die Analyse kritischer Situationen 67

6.2.2 Zielsetzung und Planung 70

6.2.3 Kontrolle der Situation 71

6.2.4 Sich selbst belohnen 71

7 Nach der Handlung: Ergebnisse erklären und bewerten 74

7.1 Erklärung von Handlungsergebnissen 74

7.1.1 Die Zuschreibung von Ursachen 74

7.1.2 Zuschreibungen der Mitarbeiter steuern 78

7.1.3 Auf die eigenen Zuschreibungen achten 79

7.2 Wie entsteht das Gefühl der Gerechtigkeit? 82

7.2.1 Verteilungsgerechtigkeit und ihre Folgen 82

7.2.2 Die Wirkung von Verfahren 84

7.2.3 Beachten, wie Verteilungen wahrgenommen werden 88

7.2.4 Für gerechte Verfahren sorgen 89

Literatur 91

Stichwortverzeichnis 97

1 Motivation: Eine zentrale Führungsaufgabe

Die Motivation von Mitarbeitern ist eine der wichtigsten Aufgaben der Personalführung. Damit sie ihre eigenen Ziele erreichen können, sollen Führungskräfte ihre Mitarbeiter zu Höchstleistungen anspornen und gleichzeitig auf ein positives Arbeitsklima achten, in dem sich die Mitarbeiter wohl fühlen und gerne Leistungen zeigen. Um dieser höchst anspruchsvollen Aufgabe gerecht zu werden, müssen Vorgesetzte wissen, wie ein solches Verhalten entsteht. Zu diesem Zweck werden zuerst die Begriffe Motiv, Anreiz und Motivation geklärt, anschließend wird die Frage untersucht, wie man etwas über die Motive eines Menschen herausfinden kann. Schließlich werden die wichtigsten Ziele der Motivation von Mitarbeitern – Leistung und Zufriedenheit, unternehmerisches Verhalten und Bindung an die Organisation – besprochen.

1.1 Die Erklärung des Verhaltens

Motivation erklärt Richtung, Intensität und Ausdauer menschlichen Verhaltens (Thomae, 1965). *Richtung* bezeichnet die Entscheidung für ein bestimmtes Verhalten: Warum entscheidet sich zum Beispiel ein Bewerber, der zwei Stellenangebote hat, für das eine Angebot und lehnt das andere ab? *Intensität* betrifft die eingesetzte Energie: Warum setzt sich ein Mitarbeiter mit voller Kraft für seine Aufgabe ein, während ein anderer eher lustlos arbeitet? *Ausdauer* beschreibt die Hartnäckigkeit, mit der ein Ziel angesichts von Widerständen verfolgt wird: Warum lässt sich der eine Mitarbeiter durch kein Hindernis von seinem Weg abbringen, während ein anderer bei der ersten Schwierigkeit resigniert?

Die Antwort auf diese Fragen wird gewöhnlich allein in Ursachen gesucht, die *in* der Person liegen. Menschliches Verhalten ist aber immer von verschiedenen Bedingungen abhängig (von Rosenstiel, 1999).

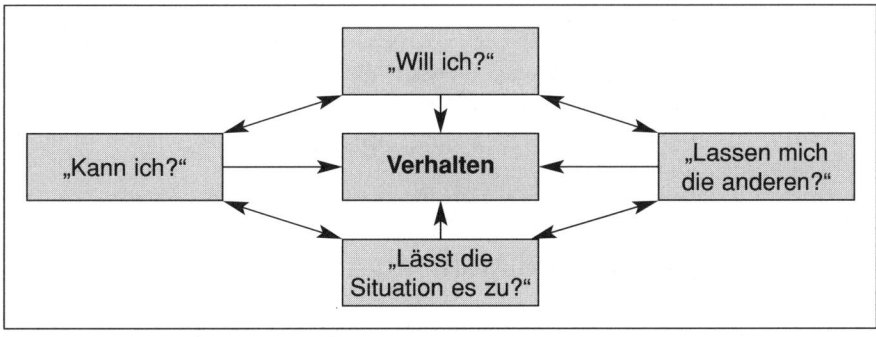

Abbildung 1:
Bedingungen des Verhaltens (nach von Rosenstiel, 1999)

Um ein bestimmtes Verhalten zu zeigen, muss man nicht nur motiviert sein, man muss es auch ausführen *können*, das heißt über die notwendigen Fähigkeiten und Fertigkeiten verfügen: Zum Beispiel muss man den Erfolg als Führungskraft nicht nur wollen, man muss auch fachlich und vor allem sozial kompetent sein, um die Mitarbeiter für ihre Aufgabe begeistern und sie fachlich anleiten zu können. Motivation und solche Fähigkeiten und Fertigkeiten genügen aber noch nicht, um erfolgreich zu führen – die befähigten Mitarbeiter und Mitarbeiterinnen müssen auch die Chance haben, ihr Können zu belegen. Diese Chance, die *situative Ermöglichung* von Führung ist in den letzten Jahren immer schwieriger geworden: Mit der Verschlankung der Organisationen und der Tendenz, die Hierarchien abzuflachen, sind in vielen Unternehmen zahlreiche Führungspositionen entfallen. Wenn aber keine Führungsposition zur Verfügung steht, kann der motivierte und geeignete Mitarbeiter auch nicht zeigen, was er kann.

Aber auch wenn die Situation Chancen bietet, heißt das noch nicht, dass jeder Motivierte und Geeignete die gleiche Chance hat. So besitzen zum Beispiel viele Frauen die Motivation und die Fähigkeit zur Führung, und prinzipiell sollte es für Männer wie Frauen gleich viele Führungspositionen geben. Trotzdem dürfen sich Frauen seltener als Männern in Führungsaufgaben beweisen (Friedel-Howe, 1999). Das *soziale Dürfen*, die gesellschaftlichen Normen – das traditionelle Rollenverständnis von Mann und Frau – sind wesentliche Gründe, warum Frauen in Führungspositionen so selten anzutreffen sind.

Im Folgenden werden die verschiedenen Bedingungen des Verhaltens weitgehend ausgeblendet und nur die Motivation, der Antrieb zum Verhalten näher untersucht. Will man Mitarbeiter zu einem bestimmten Verhalten motivieren, sind die übrigen Bedingungen aber immer mit zu bedenken. Anders gesagt: Die Bemühungen der Führungskräfte, mit ihren Mitarbeitern die geforderten Ziele zu erreichen, finden häufig an solchen Bedingungen ihre Grenzen.

> Motivation ist kein Wundermittel, mit dem sich die Leistungen der Mitarbeiter beliebig steuern und steigern lassen. Daher können Führungskräfte auch nicht allein dafür verantwortlich gemacht werden, wenn ihre Mitarbeiter nicht immer das erreichen, was von ihnen erwartet wird. Aber die Möglichkeiten, die sich durch die gezielte Motivation bieten, sollten konsequent genutzt werden.

1.2 Motiv, Anreiz und Motivation

Motivation kann aus zwei Richtungen betrachtet werden, mit Blick auf den Mitarbeiter oder auf die Situation, in der er handelt (Heckhausen, 1989). Menschen verfolgen die unterschiedlichsten Handlungsziele, wobei prin-

2

zipiell unendlich viele Formen und Ausprägungen solcher Ziele denkbar sind. Handlungsziele werden daher nach gemeinsamen Themen zusammengefasst und mit allgemeinen Begriffen wie zum Beispiel „Leistung", „Macht" oder „sozialer Anschluss" umschrieben. Solche Klassen von Handlungszielen bilden inhaltlich zusammenhängende Beweggründe des Handelns, die *Motive*.

Psychologisch betrachtet sind Motive Wertungsdispositionen, die für einzelne Menschen charakteristisch sind (Schneider & Schmalt, 2000): Menschen lassen sich danach unterscheiden, wie sie zeitlich überdauernd bestimmte Merkmale von Situationen bewerten und darauf reagieren. Zum Beispiel erzielt ein Mitarbeiter, der dieselben Aufgaben hat wie seine Kollegen, deutlich bessere Leistungsergebnisse als diese: Er bleibt – wenn spezielle Probleme in der Arbeit auftreten – abends länger im Unternehmen und macht spontan Vorschläge zur Verbesserung von Arbeitsabläufen. Dieses Verhalten wird sein Vorgesetzter wahrscheinlich als eine Eigenschaft seiner Person ansehen und sagen, der Mitarbeiter sei sehr leistungsmotiviert.

Damit unterliegt aber der Vorgesetzte in unserem Beispiel einem typischen „Fehler" bei der Erklärung menschlichen Verhaltens: Er erklärt das Verhalten allein über die Motive des Mitarbeiters und vernachlässigt die Situationen, in denen er das Verhalten beobachtet hat. Vielleicht verhält sich der Mitarbeiter nur dann auf die beschriebene Art, wenn er weiß, dass der Vorgesetzte ihn beobachtet und bleibt sonst eher unauffällig. Möglicherweise engagiert er sich auch nur für ganz bestimmte Aufgaben, die er interessant findet. Zur Erklärung von Verhalten muss also immer auch die Situation berücksichtigt werden, in der man es beobachtet. Situationen wirken auf die menschlichen Motive ein, regen sie an und lösen dadurch Verhalten aus. Zum Beispiel wird einem Mitarbeiter eine neue Aufgabe zugewiesen, die er als sehr herausfordernd erlebt. Diese Herausforderung regt sein Leistungsmotiv an – er möchte die Aufgabe möglichst gut erfüllen – und er entwickelt ein bislang nicht gekanntes Engagement.

Merkmale der Situation, die Motive anregen können, werden als *Anreize* bezeichnet. Situationen bieten die Gelegenheit, Wünsche und Ziele zu realisieren, sie können aber auch Bedrohliches signalisieren. Alles, was Situationen in diesem Sinne an Positivem oder Negativem verheißen, sind Anreize. Anreize fordern dazu auf, bestimmte Handlungen auszuführen und andere zu unterlassen. Deshalb müssen sie bei der Erklärung von Verhalten immer mit berücksichtigt werden. Im betrieblichen Alltag lässt sich zum Beispiel beobachten, dass Mitarbeiter und Mitarbeiterinnen nach der Ankündigung einer Prämienzahlung für vielversprechende Verbesserungsvorschläge verstärkt Ideen produzieren und ihren Vorgesetzten unterbreiten (Oberholzer-Gee & Bohnet, 2000). Der Anreiz „Geldprämie" motiviert in diesem Beispiel die Mitarbeiter zu dem entsprechenden Verhalten. Geld

3

stellt in unserer Gesellschaft ein Mittel zur Erfüllung vielfältiger Wünsche dar und kann daher auf verschiedene Motive einwirken. Aber auch die Androhung der Entlassung für den Fall, dass Sicherheitsvorschriften in einem Betrieb nicht eingehalten werden, wirkt als Anreiz. Damit wird der Wunsch nach einem sicheren Arbeitsplatz – ein geradezu existenzielles Motiv – angeregt, der vorschriftswidriges Verhalten unterdrücken kann.

Motivation ist also immer das Produkt aus individuellen Merkmalen von Menschen, ihren Motiven, und den Merkmalen einer aktuell wirksamen Situation, in der Anreize auf die Motive einwirken, sie aktivieren. Daher wird in der Psychologie mit dem Begriff „Motivation" eine momentane Ausrichtung auf ein Handlungsziel beschrieben (Heckhausen, 1989). Die vielfältigen Gedanken und Gefühle, die ein Verhalten auf Handlungsziele ausrichten, beschreiben die Motivation eines Menschen.

> Mitarbeiter zu motivieren bedeutet, ihre Gedanken und Gefühle auf betriebliche Ziele auszurichten und die Arbeitssituation so zu gestalten, dass sie diese Ziele erreichen können.

Anreize wirken immer auf ganz bestimmte Motive ein. Da jeder Mensch durch eine individuelle Kombination von Motiven gekennzeichnet ist, müssen Führungskräfte vor jedem Versuch, Mitarbeiter zu motivieren, zunächst deren Motive erkennen.

1.3 Wie erkennt man die Motive der Mitarbeiter?

Um Mitarbeiterinnen und Mitarbeiter effektiv zu motivieren, müssen sich Vorgesetzte zunächst darüber klar werden, welche Motive diese bewegen (vgl. Comelli & von Rosenstiel, 2003). Das ist keine einfache Aufgabe, da sich Motive nicht direkt beobachten lassen. Nur konkretes Verhalten lässt sich beobachten. Wie kann man dann etwas über die Motive der Mitarbeiter erfahren?

Aus der *Beobachtung des Verhaltens* kann man auf die Motive schließen. Eine Mitarbeiterin, die ihre Aufgaben sehr viel schneller und qualitativ besser erledigt als ihre mit denselben Aufgaben betrauten Kollegen, die zur Lösung spezieller Probleme abends länger im Unternehmen bleibt und von sich aus Verbesserungsvorschläge in der Arbeit macht, ist vermutlich leistungsmotiviert. Aber auch viele Beobachtungen solchen Verhaltens geben dem Vorgesetzten keine Sicherheit, dass seine Schlussfolgerung richtig ist. Andere Erklärungen sind denkbar: Vielleicht liegt die betreffende Mitarbeiterin mit ihren Kollegen im Streit und möchte sie beim Vorgesetzten „ausstechen"; möglicherweise hat sie gehört, dass demnächst eine bessere Position frei wird und möchte sich kurz vor der Entscheidung „im besten Licht präsentieren" – weitere Erklärungen sind

4

denkbar. Ein und dasselbe Verhalten kann immer unterschiedlich motiviert sein.

Daher sollten Schlüsse über Motive, die aus der Beobachtung des Verhaltens stammen, immer durch Gespräche überprüft werden. Im *Mitarbeitergespräch* kann direkt nach den Motiven gefragt werden (Fiege, Muck & Schuler, 2001), zum Beispiel:
- „Wie stellen Sie sich Ihre berufliche Zukunft vor?"
- „Was gefällt Ihnen an dieser Arbeit, was gefällt Ihnen nicht?"
- „Arbeiten Sie lieber allein oder fühlen Sie sich im Team wohler?"

Das sind Beispiele für Fragen nach den Motiven. Offene Fragen, die nicht nur mit ja oder nein zu beantworten sind, bringen Mitarbeiter dazu, über sich selbst und ihre Motive zu reden. Führungskräfte müssen die richtigen Fragen stellen, vor allem aber sollen sie den Antworten der Mitarbeiter konzentriert zuhören und dabei deren Verhalten genau beobachten.

> Nur wer konzentriert zuhört und das Verhalten genau beobachtet, kann über andere Menschen etwas erfahren.

Das klingt banal, tatsächlich besteht aber der am häufigsten beobachtete Fehler von Führungskräften darin, dass sie zu wenig oder nicht genau genug zuhören. Verantwortlich ist dafür vor allem ihr Selbstverständnis der Aktiven, der Steuernden, und das heißt eben nach verbreiteter Meinung: der Redenden. Aber auch der mit Aufgaben überladene Arbeitsalltag mit seiner ganzen Hektik bewirkt das seine. Führungskräfte versuchen daher im Mitarbeitergespräch gerne „schnell auf den Punkt" zukommen und sagen deshalb möglichst viel selbst.

Ein richtig geführtes Mitarbeitergespräch ist zweifellos der Königsweg zu den Motiven anderer Menschen. Aber letzte Sicherheit gewinnt man auch dadurch nicht. Niemand kann in das Innere eines Menschen sehen, immer ist man auf die Antworten des Mitarbeiters angewiesen, und diese müssen nicht immer „richtig" sein. Dafür gibt es mehrere Gründe:
- Aussagen über Motive beruhen auf der Selbstbeobachtung, und in dieser Fähigkeit unterscheiden sich die Menschen. Wer häufiger über sich und sein Verhalten nachdenkt, weiß besser über seine Motive Bescheid, als zum Beispiel extravertierte, sehr nach außen gerichtete Menschen, die eher selten ihr Verhalten reflektieren.
- Auch intensive Selbstbeobachtung bringt nicht alle Motive ins Bewusstsein. Manche Motive des Handelns sind „verdrängt", wir wollen sie selbst nicht wahrhaben. So finden sich immer wieder Mitarbeiter, die grundsätzlich gegen jede Anordnung ihrer Vorgesetzten opponieren und fest überzeugt sind, das liege allein an den aus ihrer Sicht ungerechtfertigten Anordnungen. Möglicherweise ist dieses Verhalten aber durch kindliche Konflikte mit dem Vater motiviert, die nie gelöst wurden und

daher in jeder Beziehung zu einer Autoritätsperson von neuem aufbrechen.
– Schließlich gibt es einige Motive, über die man nur ungern spricht. So sagen Mitarbeiter eher selten, dass sie Lob und Anerkennung vermissen. Das wäre vielen peinlich. Stattdessen beklagen sie sich eher über die schlechte Bezahlung – Bezahlung ist auch eine Form der Anerkennung und darüber zu reden ist in unserer Gesellschaft nicht verpönt. Noch seltener wird man von seinen Mitarbeitern hören, dass sie nach Macht streben, obwohl dies eines der „mächtigsten" Motive ist. Stattdessen hört man heute allzu oft, sie „suchen die Herausforderung", denn das ist ein allseits geschätztes Motiv.

Da auch das Mitarbeitergespräch keine Sicherheit über die Motive bieten kann, empfiehlt es sich vor allem bei weitreichenden Entscheidungen, das Gespräch mit der Beobachtung des konkreten Verhaltens zu kombinieren. Ein letzter Rest an Unsicherheit über die „wahren" Motive wird auch dann zurück bleiben. Die Fähigkeit, mit solchen Unsicherheiten zu leben, ist eine wichtige Voraussetzung für die Übernahme von Personalverantwortung.

1.4 Ziele der Motivation

Bevor man versucht, Mitarbeiter zu motivieren, ist ein weiterer Punkt zu klären: Was soll damit überhaupt erreicht werden? Man muss sich also über die Ziele der Motivation klar werden. Hier drängt sich im betrieblichen Alltag natürlich ein Ziel auf, die Optimierung der Leistung. Das ist allerdings eine starke Vereinfachung, neben der Leistung finden sich eine Reihe weiterer Ziele, wie im Folgenden kurz gezeigt wird (vgl. Nerdinger, 1995).

1.4.1 Leistung und Zufriedenheit

In Unternehmen wird versucht, Mitarbeiter durch Anreize gezielt zu motivieren. Damit soll in erster Linie die *Leistung* gesteigert werden. Was allerdings Leistung eigentlich bedeutet, ist häufig unklar – der Begriff wird sehr unterschiedlich verwendet (Campbell, McCloy, Oppler & Sager, 1993):
– Zum einen wird damit das Verhalten der Mitarbeiter und Mitarbeiterinnen beschrieben. *Leistungsverhalten* umfasst alle Aktivitäten eines Mitarbeiters bei der Erfüllung seiner Arbeitsaufgaben.
– Häufig meint man damit aber die Ergebnisse des Verhaltens, was auch als die *Effektivität* bezeichnet wird. Effektivität wird gewöhnlich mit objektiven und allgemeinen Maßen wie der Produktivität oder Umsatzzahlen erfasst.

Die Effektivität ist nicht nur auf die individuellen Beiträge der Mitarbeiter zurückzuführen, sie wird auch durch Faktoren beeinflusst, die der Mitarbeiter nicht kontrollieren kann. Das sei am Beispiel des persönlichen Verkaufs verdeutlicht, der scheinbar geradezu ideal zur objektiven Erfassung der Effektivität ist (vgl. Nerdinger, 2001a): Umsatz in einer festgelegten Periode, Anzahl der Verkäufe pro Zeiteinheit, Stornoquoten pro Quartal usw., im persönlichen Verkauf kann alles mögliche objektiv gezählt und gemessen werden. Bei genauer Betrachtung lässt sich aber keines dieser Maße allein auf das Leistungsverhalten des Verkäufers zurückführen, da die Ergebnisse immer auch durch die Umwelt beeinflusst werden. Dazu zählen vor allem die Bedingungen am Markt, aber zum Beispiel auch der Zuschnitt der Verkaufsgebiete und nicht zuletzt das Verhalten der Vorgesetzten gegenüber den einzelnen Verkäufern.

Je mehr Einfluss diese Umweltfaktoren auf die Ergebnisse nehmen und je mehr sie sich für die Verkäufer eines Unternehmens unterscheiden, desto schlechter kann aus objektiven Zahlen auf den Anteil des Verkäufers am Leistungsergebnis geschlossen werden. Objektive Maße haben zudem einen weiteren Nachteil: Wichtige Aspekte des Verhaltens von Mitarbeitern werden damit nicht gemessen. Bei Verkäufern sind das zum Beispiel der Beitrag, den sie für ein positives Image der Organisation leisten oder ihre Bemühungen um die Qualität der Beziehung zu den Kunden. Das sind aber wesentliche Teile ihrer Leistung!

Daher wird häufig das Leistungs*verhalten* als die eigentliche Leistung angesehen: In diesem Fall wird nur das berücksichtigt, was der einzelne Mitarbeiter kontrollieren kann und damit auch selbst verantworten muss. Das wird zum Beispiel im Rahmen regelmäßiger Mitarbeiterbeurteilungen versucht, wobei der Vorgesetzte das Leistungsverhalten der ihm unterstellten Mitarbeiter auf verschiedenen Dimensionen einstuft (Nerdinger, 2001b). Wird eine solche Beurteilung mit einem Mitarbeitergespräch verbunden, in dem der Vorgesetzte seine Einschätzungen durch konkrete Beobachtungen belegt und mit der Sicht des Mitarbeiters abstimmt, fühlt sich dieser fairer beurteilt. Allerdings führt auch die Beurteilung des Leistungsverhaltens zu keiner eindeutigen Aussage über die Leistung, da die Qualität der Beurteilungen von verschiedenen Bedingungen abhängig ist. Dazu zählt die Vertrautheit des Vorgesetzten mit seinen Mitarbeitern: Solange Vorgesetzte ihre Mitarbeiter wenig kennen, unterschätzen sie deren Produktivität, sind sie sehr vertraut mit ihnen, neigen sie dagegen zur Überschätzung (Sundvik & Lindeman, 1998).

Im Leistungsergebnis verdichtet sich das Arbeitsverhalten, das über einen Zeitraum hinweg in bestimmten Aufgaben und Situationen gezeigt wird. Leistungsverhalten und -ergebnisse sind aber nicht nur von der individuellen Motivation abhängig, sondern auch von den Fähigkeiten und Fertigkeiten und vor allem von der Arbeitssituation: Dazu zählt die zur Verfügung stehende Technologie, die Unterstützung durch Vorgesetzte und Kollegen und vieles mehr. Somit ist zwar die Leistung das wichtigste Ziel der Motivation von Mitarbeitern und Mitarbeiterinnen, Motivation ist aber nur *ein* Weg zur Erhöhung der Leistung.

Außerdem ist zu beachten: Motivation sollte nicht nur der Leistung und damit letztendlich den betrieblichen Zielen dienen, sondern auch den Mitarbeiterinnen und Mitarbeitern. Durch Motivation kann auch die *Zufriedenheit* mit der Arbeit gesteigert werden. Die Forderung, Arbeitszufriedenheit anzustreben, hat zum einen ethische Gründe, da Arbeitszufriedenheit sich günstig auf das körperliche und psychische Wohlbefinden auswirkt (Bamberg, Ducki & Metz, 1998). Zum anderen gibt es aber auch „handfeste" betriebswirtschaftliche Gründe: Arbeitszufriedenheit *kann* die Fluktuation und die Fehlzeiten verringern, zudem wirkt Arbeitszufriedenheit häufig positiv auf die Qualität der Arbeit (von Rosenstiel, 1999). Und vor allem: Arbeitszufriedenheit ist nicht nur ein Ziel der Motivation, sie wirkt unter Umständen auch motivierend (Judge et al., 2001).

Arbeitszufriedenheit umfasst verschiedene Aspekte, die emotionale Reaktion auf die Arbeit, die Meinung über die Arbeit und die Bereitschaft, sich in der Arbeit zu engagieren. Diese Reaktionen können sich auf die unterschiedlichsten Merkmale beziehen, denn Arbeit hat viele Facetten:
– die Aufgabe,
– äußere Arbeitsbedingungen,
– Beziehungen zu Vorgesetzten, Kollegen und Unterstellten,
– Aufstiegschancen,
– Bezahlung,
– Sozialleistungen,
– Sicherheit des Arbeitsplatzes,
– Möglichkeiten der Aus- und Weiterbildung,
– innerbetriebliche Information und Kommunikation,
– Organisation und Verwaltung
und anderes mehr. Die Zufriedenheit mit den verschiedenen Facetten der Arbeit kann bei einer Person durchaus unterschiedlich ausfallen, zum Beispiel kann man mit seiner Tätigkeit sehr zufrieden und gleichzeitig mit der Bezahlung und der Unternehmenspolitik äußerst unzufrieden sein (Nerdinger, 1995).

Führt man allerdings Mitarbeiterbefragungen in Unternehmen durch und fragt, wie zufrieden sie mit ihrer Arbeit sind, so bezeichnen sich gewöhnlich mehr als 80 % als zufrieden oder sehr zufrieden. Angesichts der durchaus kritikwürdigen Qualität mancher Arbeitsplätze ist das äußerst erstaunlich (Six & Kleinbeck, 1989). Wie sind solche Ergebnisse zu erklären? Zum einen lässt sich eine so allgemeine Frage nur schwer beantworten: Ebenso wie auf die Frage „wie gehts?" nichts anderes als die Antwort „gut" zu erwarten ist, bekommt man auf die allgemeine Frage

„wie zufrieden sind Sie mit Ihrer Arbeit?" auch nur eine unverbindliche Antwort.

Es finden sich aber noch andere Gründe: Menschen passen sich an die jeweils verrichtete Tätigkeit an. Gewöhnlich stellen Mitarbeiter gewisse Ansprüche an eine Arbeit – sie soll interessant und herausfordernd sein, ein sicheres Einkommen garantieren, Entwicklungschancen bieten und anderes mehr. Die Gesamtheit dieser Ansprüche werden als *Anspruchsniveau* bezeichnet (Bruggemann, Großkurth & Ulich, 1975). Das Anspruchsniveau verändert sich mit den Erfahrungen, die im Unternehmen gemacht werden. Daher können hinter der Antwort, „Ich bin zufrieden mit meiner Arbeit" unterschiedliche Prozesse stehen. Das veranschaulicht die folgende Abbildung.

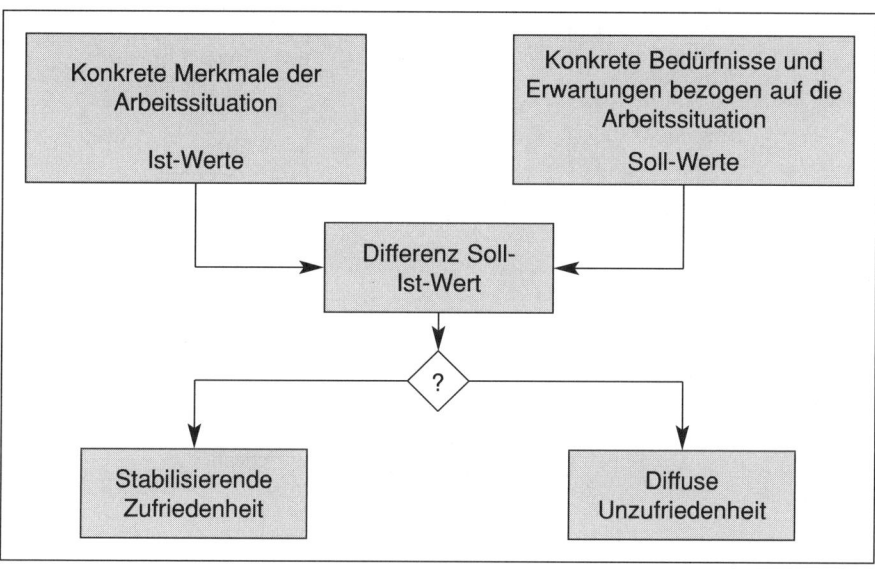

Abbildung 2:
Entwicklung von Arbeitszufriedenheit als Soll-Ist-Vergleich
(nach Bruggemann et al., 1975)

Tritt zum Beispiel ein Hochschulabsolvent eine neue Arbeitsstelle an, so hat er ganz bestimmte Wünsche und Erwartungen an diese Stelle. Diese bilden sein Anspruchsniveau. Seine Erwartungen vergleicht er mit den Erfahrungen im Unternehmen, es kommt also zu einem Vergleich zwischen seinem Anspruchsniveau, das einen Soll-Wert bildet, und der wahrgenommenen Situation im Unternehmen (Ist-Wert). Als erstes, vorläufiges Ergebnis dieses Vergleichs können sich zwei Zustände einstellen: Unterscheiden sich Anspruch und Wirklichkeit nur gering, so tritt *stabilisierende Zufriedenheit* ein, sind dagegen die Unterschiede sehr groß, so entwickelt sich eine *diffuse Unzufriedenheit:* Der neue Mitarbeiter ist unzufrieden, weiß aber nicht so recht, was er nun machen soll.

Das Anspruchsniveau entscheidet über die weitere Entwicklung. Zunächst zur Situation, in der stabilisierende Zufriedenheit erlebt wird.

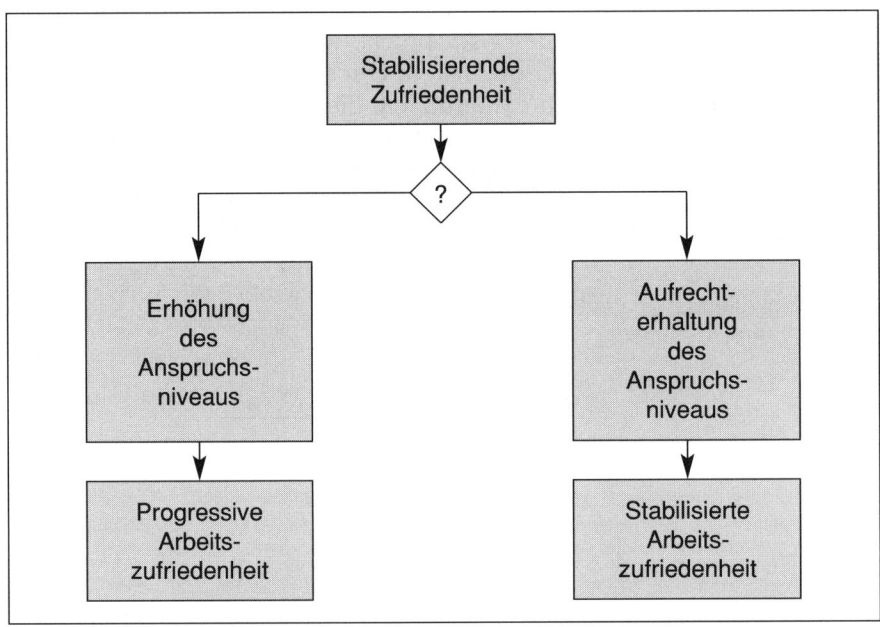

Abbildung 3:
Die Entwicklung der stabilisierenden Zufriedenheit
(nach Bruggemann et al., 1975)

Genügt dem Neuling nach einer gewissen Zeit das Erreichte nicht mehr, so wird er seine Ansprüche erhöhen. Er erlebt *progressive Zufriedenheit,* die als eine Art „schöpferischer Unruhe" zu verstehen ist. In diesem Fall bescheidet sich der Hochschulabsolvent aus unserem Beispiel nicht mit dem Erreichten, sondern versucht, seine Situation zu verbessern – zum Beispiel, indem er sich um eine verantwortungsvollere Aufgabe bemüht. Findet er sich aber mit dem Vorgefundenen ab, so stellt sich *stabilisierte Arbeitszufriedenheit* ein: Die Situation im Unternehmen erfüllt die eigenen Ansprüche und das Anspruchsniveau wird nicht erhöht. Nur in diesem Fall entspricht die Aussage „Ich bin mit meiner Arbeit zufrieden" auch dem, was der Mitarbeiter erlebt.

Erlebt der Neuling diffuse Unzufriedenheit – er fühlt sich nicht recht wohl in der Arbeit, ohne sagen zu können, was ihm denn genau fehlt –, entscheidet ebenfalls sein Anspruchsniveau über die weitere Entwicklung.

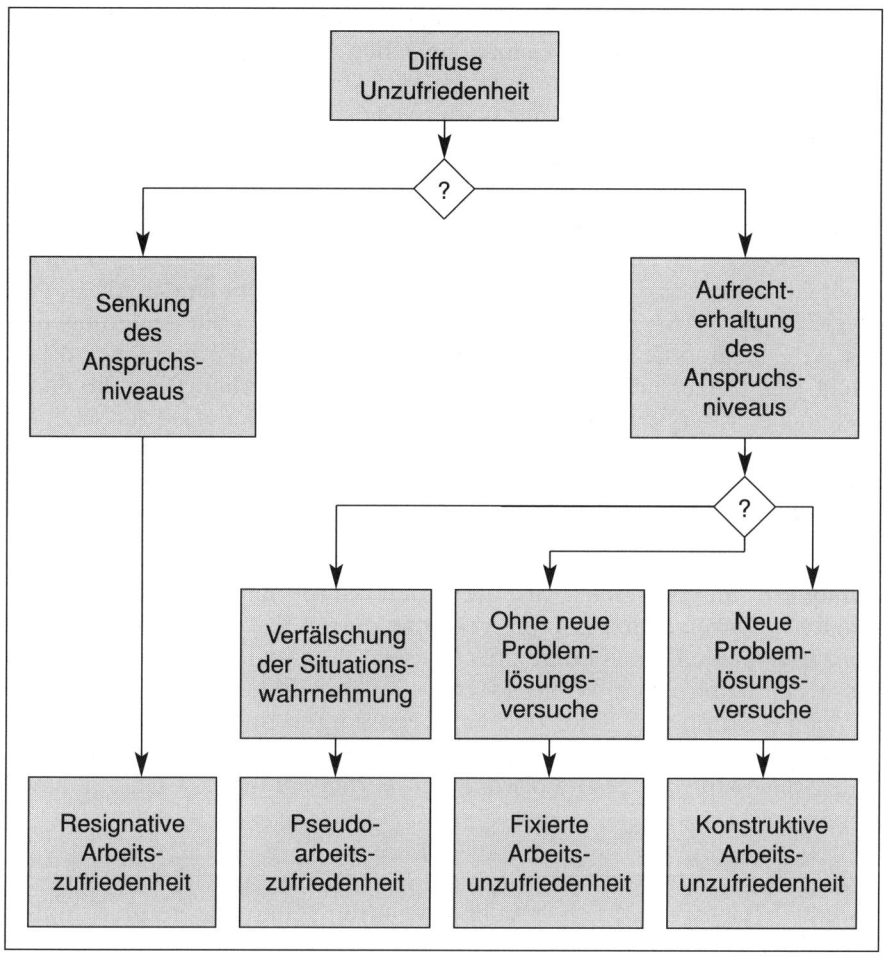

Abbildung 4:
Die Entwicklung diffuser Unzufriedenheit (nach Bruggemann et al., 1975)

Senkt der Mitarbeiter seine Ansprüche, verringert sich der Unterschied zwischen Wunsch und Wirklichkeit, zwischen Soll und Ist. Folge ist die sogenannte *resignative Arbeitszufriedenheit*. Dieser Zustand lässt sich sehr häufig in der Arbeitswelt beobachten: Aussagen der Art „man muss zufrieden sein mit dem, was man erreicht hat" deuten darauf hin, dass Mitarbeiter resigniert-zufrieden sind. Sie haben den Glauben verloren, dass sich noch einmal etwas ändern könnte und richten sich in der ungeliebten Situation ein: Sie senken ihre Ansprüche, bis diese zur Situation passen. Wird dagegen das Anspruchsniveau aufrechterhalten, können verschiedene Formen der Problembearbeitung auftreten. Diese können zur *Pseudo-Arbeitszufriedenheit* führen. Ein solcher Zustand entsteht aus einer Veränderung des Ist-Wertes, der Wahrnehmung der Situation. Lässt sich die Arbeit scheinbar nicht ändern, redet man sie schön. Betroffene entdecken nicht selten in einer eintönigen, monotonen Tätigkeit ganz erstaunliche Herausforderungen, andere sehen nur noch die positiven Dinge und ignorieren alles Unangenehme.

Während diese Prozesse zu unterschiedlichen Formen der Zufriedenheit führen, münden die beiden letzten Entwicklungen in Formen der Unzufriedenheit. Versucht der Mitarbeiter, die Situation zu verändern, so entwickelt sich eine *konstruktive Unzufriedenheit*. Wer nicht an der Arbeit verzweifelt, seine Ansprüche nicht ändert und stattdessen um Änderungen in der Arbeit kämpft, der trägt letztlich zum Wandel im Unternehmen bei. Nicht jede Unzufriedenheit ist also negativ zu bewerten: Wird die damit verbundene Energie in konstruktive Bahnen gelenkt, kann sie zur schöpferischen Kraft werden. Wer aber in dieser Situation keine Versuche unternimmt, die Situation zu verändern, bei dem bildet sich *fixierte Unzufriedenheit* aus. Fixiert-unzufriedene Mitarbeiter kündigen, sobald sie eine bessere Position in Aussicht haben.

Hinter ein- und derselben Aussage – „ich bin mit meiner Arbeit (un-)zufrieden" – können sich also die verschiedensten Prozesse verbergen, mit ganz unterschiedlichen Folgen für das Verhalten und die Leistungsergebnisse der Mitarbeiter. Während zum Beispiel fixiert Unzufriedene für schlechte Stimmung unter den Kollegen sorgen und ihre Leistung nur noch auf das unbedingt Notwendige beschränken, tragen konstruktiv unzufriedene Mitarbeiter zu notwendigen Veränderungen im Unternehmen bei.

Vorgesetzte sollten sich nicht mit der bloßen Aussage „ich bin (un-)zufrieden" begnügen, durch gezielte Fragen im Mitarbeitergespräch müssen sie herausfinden, was hinter dieser Aussage steckt.

1.4.2 Unternehmerisches Verhalten und Bindung an die Organisation

Leistung und Zufriedenheit sind gewissermaßen die „klassischen" Ziele der Motivation. Mit den Wandlungen des wirtschaftlichen Umfeldes sind aber in den letzten Jahren andere Ziele in den Vordergrund gerückt. Die Unternehmen der Wirtschaft stehen heute vor ganz neuen Herausforderungen (vgl. Erez, Thierry & Kleinbeck, 2001). Aufgrund der unberechenbaren Veränderungen der Konsumentenbedürfnisse und den zahlreichen Konkurrenten ist der Absatzmarkt vieler Unternehmen durch erhebliche Dynamik und stetig zunehmende Komplexität gekennzeichnet. Das ökonomische und soziale Umfeld wird durch Nachfrageschwankungen, Abhängigkeit von schwer vorhersagbaren Entwicklungen an internationalen Finanzmärkten, Globalisierung der Geschäfte zur Begegnung des wachsenden Kostendrucks und andere Veränderungen immer instabiler. Unternehmen, die von solchen Entwicklungen abhängig sind, müssen in kürzester Zeit auf Veränderungen am Markt reagieren können. Entscheidende Voraussetzung für überlebensfähige Unternehmen sind heute Flexibilität, Innovationsfähigkeit und ausgeprägte Kundenorientierung. Um dies zu erreichen, flachen immer mehr Unternehmen die Hierarchien ab und versuchen, durch straffere Weisungs- und Entscheidungswege rascher auf Änderungen am Markt zu reagieren und flexibler zu werden (Nerdinger, 1997).

Von diesen Entwicklungen ist die Organisation der Arbeit besonders betroffen. Die Arbeitsteilung wird verringert, was zu ganzheitlichen Aufgaben und höheren Kompetenzen der Mitarbeiter führt. Durch „Empowerment" der Mitarbeiter, die Übertragung von Entscheidungs- und Handlungsbefugnissen, sollen die Unternehmen flexibler werden (Hartmann, 1993). Das kann aber nur gelingen, wenn die Mitarbeiter unternehmerisches Verhalten zeigen. Die Mitarbeiter sollen als „Intrapreneur", als Unternehmer im Unternehmen, handeln (Wunderer & Dick, 1998). Intrapreneure spüren im eigenen Arbeitsbereich Erfolgschancen auf, managen das Risiko bei der Verwirklichung von Innovationen selber und übernehmen dafür die Verantwortung. Unternehmerisches Verhalten erfordert *persönliche Initiative* (Frese et al., 1994; Fay & Frese, 2001), ein Verhalten, das
– mit den Unternehmenszielen übereinstimmt,
– langfristig ausgerichtet und
– zielorientiert ist,
– auch angesichts von Widerständen und Barrieren anhält und
– proaktiv ist, das heißt, der Mitarbeiter handelt nicht nur auf Anweisung, sondern aus eigenem Antrieb heraus.

Obwohl persönliche Initiative im Sinne unternehmerischen Verhaltens für moderne Unternehmen so große Bedeutung hat, ist bislang noch wenig darüber bekannt, wie solches Verhalten motiviert wird. Eine wichtige Bedingung dafür ist aber das *Commitment*, die Bindung an das Unternehmen. Menschen fühlen sich aus unterschiedlichen Gründen an ihr Unternehmen gebunden, unterschieden wird das kalkulative vom emotionalen Commitment (Moser, 1996). *Kalkulatives Commitment* entsteht, wenn den Mitarbeiterinnen und Mitarbeitern die Kosten für das Verlassen des Unternehmens zu hoch sind: Weil sie in einem anderen Unternehmen weniger verdienen würden, die Chancen auf dem Arbeitsmarkt gering sind oder wegen anderer Gründe, die auf Aufwand-Ertrags-Überlegungen beruhen. Wer kalkulativ gebunden ist, der bleibt im Unternehmen, weil er bleiben *muss*.

Wer demgegenüber emotional an das Unternehmen gebunden ist, bleibt, weil er bleiben *will*: Weil er sich mit dem Unternehmen identifiziert, an seinen Aufgaben hängt und sich dem Unternehmen emotional verpflichtet fühlt. Während kalkulative Bindung vor allem durch materielle Anreize entsteht, bildet sich *emotionales Commitment* durch die Identifikation mit dem Unternehmen, aufgrund befriedigender sozialer Beziehungen und – nicht zuletzt – durch eine sinnerfüllte Tätigkeit.

Persönliche Initiative und unternehmerisches Verhalten sind vor allem zu erwarten, wenn sich Mitarbeiter emotional an ihr Unternehmen gebunden fühlen. Eine zunehmend wichtigere Aufgabe der Motivation von Mitarbeitern ist es daher, sie emotional an das Unternehmen zu binden und persönliche Initiative zu unterstützen (Fay, 2003).

1.5   Perspektiven der Motivation

Wie lässt sich Leistung und Zufriedenheit, unternehmerisches Verhalten und emotionale Bindung beeinflussen? Diese Frage kann aus zwei Blickwinkeln beantwortet werden (Nerdinger, 1995). Zum einen sind die Inhalte der Motivation zu betrachten: Welche Anreize wirken auf die Motive und was muss man berücksichtigen, wenn diese Anreize zur Motivation eingesetzt werden? Zum anderen muss man fragen, welche Prozesse im Menschen ablaufen, bis es zu motiviertem Verhalten kommt, und wie sie die Ergebnisse des Verhaltens erklären und bewerten. Damit richtet man den Blick auf den „Weg zum Ziel". Kennt man die Überlegungen der Mitarbeiter, die letztlich dazu führen, dass sie mehr leisten, zufriedener sind, sich unternehmerisch verhalten und an das Unternehmen gebunden fühlen, kann man diese bei der Motivation gezielt berücksichtigen und auf sie einwirken.

Beide Blickwinkel sind für die Motivation von Mitarbeiterinnen und Mitarbeitern wichtig, daher wird im Folgenden zunächst der Inhalt beleuchtet, anschließend der Weg zum Ziel.

2 Motivation: Motive, Anreize und ihre Wirkung

Motiviertes Handeln drängt zu einem „natürlichen Abschluss", der als „Endhandlung" bezeichnet wird (von Rosenstiel, 1999): Wenn ein ängstliches Kind Geborgenheit im Schutz der Mutter findet oder ein Hungriger endlich eine Mahlzeit bekommt und sie gierig in sich hinein schlingt, so liegen Endhandlungen vor. Betrachtet man, wodurch Verhalten motiviert wird, so versucht man solche Endhandlungen konkret zu benennen und sie zu ordnen. Damit wird die Frage, wonach der Mensch strebt, beantwortet. Der Schwerpunkt der Erklärung kann bei der Beantwortung entweder auf der Seite der Motive liegen oder aber auf den Merkmalen der Situation, die Motive anregen – letztlich handelt es sich um zwei Seiten einer Medaille, die im folgenden beleuchtet werden.

2.1 Die grundlegenden menschlichen Motive

Menschlichem Handeln können viele Motive zugrunde liegen. Ein mittlerweile klassischer Versuch, die Vielzahl menschlicher Motive zu ordnen und ihre Wirkung zu erklären, stammt von dem Psychologen Abraham Maslow (1954; vgl. Nerdinger, 1995). Menschliches Handeln wird nach Maslow durch zwei Arten von Motiven bestimmt: Defizit- und Wachstumsmotive. *Defizitmotive* treten allein bei Mangelzuständen oder Störungen auf den Plan. Motivation dient so gesehen der Wiederherstellung eines Gleichgewichts, wenn dieses gestört ist. Zum Beispiel fühlt man sich nach einer angenehmen Mahlzeit wohl, man erlebt einen Gleichgewichtszustand. Nach einiger Zeit meldet sich gewöhnlich ein leichtes Grummeln im Magen, das auf eine Abweichung vom Gleichgewicht aufmerksam macht. Der Körper mobilisiert die notwendige Energie, um in die Cafeteria zu gehen und dort eine Kleinigkeit zu sich zu nehmen: Danach befindet sich der Körper wieder im Gleichgewicht – bis der Kreislauf von neuem beginnt. Maslow (1954) unterscheidet vier Klassen so wirkender Defizitmotive:
- *Physiologische Bedürfnisse*: Hunger, Durst, Sexualität und andere, organisch bedingte Antriebe.
- *Sicherheitsmotive*: Sicherheit und Schutz vor Schmerz, Furcht, Angst und ungeordneten Verhältnissen; der Wunsch nach schützender Abhängigkeit, nach Ordnung, Gesetzlichkeit und Regeln des Verhaltens.
- *Soziale Bindung*: Wunsch nach Liebe, Zärtlichkeit, Geborgenheit, sozialem Anschluss, häufig auch nach Identifikation mit wertvollen Menschen.
- *Selbstachtungs-* oder *Ich-Motive*: Dazu zählen der Wunsch nach Leistung, Geltung und Prestige sowie die Zustimmung durch andere.

Die Befriedigung der Defizitmotive verhindert Krankheit, führt aber nicht zu dem Zustand, den Maslow (1954) als psychologische Gesundheit ansieht. Dafür sorgen die *Wachstumsmotive*, die er als *Streben nach Selbst-verwirklichung* beschreibt. In allen Menschen sind Möglichkeiten ange-legt, die – werden sie nicht gepflegt – irgendwann verkümmern. Streben nach Selbstverwirklichung bedeutet, diese Möglichkeiten zu entdecken und sie zu entfalten. Das Streben nach Selbstverwirklichung unterscheidet sich grundsätzlich von den Defizitmotiven: Selbstverwirklichung ist kein Zustand des Gleichgewichts, sondern ein ständig weiter drängender Pro-zess, der sich nur in gelegentlichen Erlebnissen einer Übereinstimmung zwischen den individuellen Anlagen und dem konkreten Verhalten aus-drückt. Wichtig daran ist die Erkenntnis, die bereits Goethe in die Worte fasste, dass „des menschlichen Strebens kein Ende" ist. Wenn Motive be-friedigt, Ziele erreicht sind, drängt es den Menschen weiter.

Die fünf Motivklassen ordnet Maslow (1954) in einer Hierarchie an: Dem-nach müssen immer zuerst die Motive der jeweils „niederen" Klasse befrie-digt sein, bevor eine „höhere" Motivklasse aktiviert wird und das Handeln bestimmen kann. Grundlegend sind die physiologischen Motive. Erst wenn sie befriedigt sind, werden die Sicherheitsmotive aktiviert; sind diese be-friedigt, treten die sozialen Motive in den Vordergrund; nach deren Be-friedigung werden die Ich-Motive dominant und schließlich die Wachs-tumsmotive, der Wunsch nach Selbstverwirklichung. Dadurch ergibt sich eine Anordnung, die als „Hierarchie der Motive" oder auch als „Motiv-pyramide" bekannt ist:

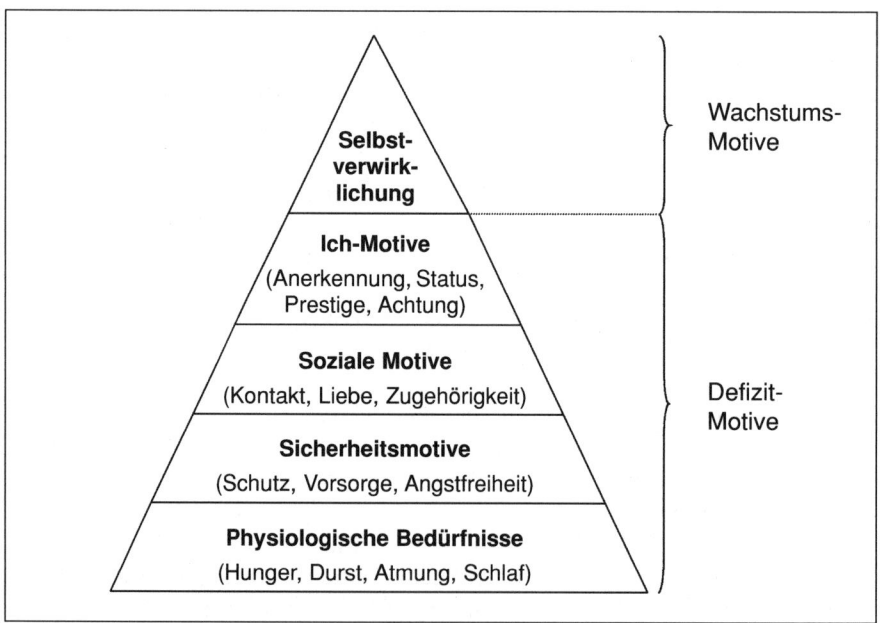

Abbildung 5:
Die Hierarchie der Motive (nach Maslow, 1954)

Die Motivpyramide ist sehr allgemein gehalten, sie wirkt wie ein philosophisches Gedankengebäude, aus dem sich keine unmittelbaren Folgerungen für die Motivation von Mitarbeitern ableiten lassen (Nerdinger, 2001c). Sie erfüllt aber zwei wichtige Funktionen: Zum einen liefert sie ein einfaches Modell der Motive von Mitarbeitern und zum anderen sensibilisiert sie dafür, dass mit motivationalen Fragen immer auch (philosophische) Fragen der Wertung verknüpft sind. Die Motivation im Dienste der Unternehmensziele wird so um die Frage erweitert, welche Ziele die Mitarbeiter und Mitarbeiterinnen verfolgen und inwieweit Führungskräfte diese Ziele im Rahmen betrieblichen Handelns berücksichtigen können. Schließlich erklärt die Motivpyramide auch, warum es so schwierig ist, dauerhafte Zufriedenheit zu erreichen: Wenn alle Defizite beseitigt sind, tritt ein unbegrenztes Streben nach Selbstentfaltung auf den Plan.

Maslow (1954) beschränkt sich auf die Beschreibung der wesentlichen Motivklassen, ohne die Anreize, die auf Motive einwirken, systematisch zu berücksichtigen. Mitarbeiter lassen sich aber nur durch den gezielten Einsatz von Anreizen motivieren.

2.2 Betriebliche Anreize

2.2.1 Die Ordnung der Anreize

Bevor Sie weiter lesen, beantworten Sie bitte die folgenden Fragen.

Übung: Kritische Ereignisse
Bitte skizzieren Sie knapp ein konkretes Ereignis aus Ihrem beruflichen Leben, das Sie besonders zufrieden machte:
Wie hat dieses Ereignis auf Ihre Leistungsbereitschaft gewirkt (zumindest für einige Zeit: positiv oder negativ)?
Bitte skizzieren jetzt ein konkretes Ereignis aus Ihrem beruflichen Leben, das Sie besonders unzufrieden machte:
Wie hat dieses Ereignis auf Ihre Leistungsbereitschaft gewirkt (zumindest für einige Zeit: positiv oder negativ)?
Zur Auswertung lesen Sie bitte den Text weiter!

Mit dieser Methode – der Erhebung sogenannter kritischer Ereignisse (Flanagan, 1954) – erhält man Schilderungen positiver bzw. negativer Erlebnisse aus dem Arbeitsalltag. Die Beschreibungen müssen dann nach einem bestimmten Inhaltsschlüssel ausgewertet werden. Zu diesem Zweck eignen sich folgende 16 Kategorien, die Herzberg, Mausner und Snyderman (1959) bei ihren Untersuchungen gefunden haben.

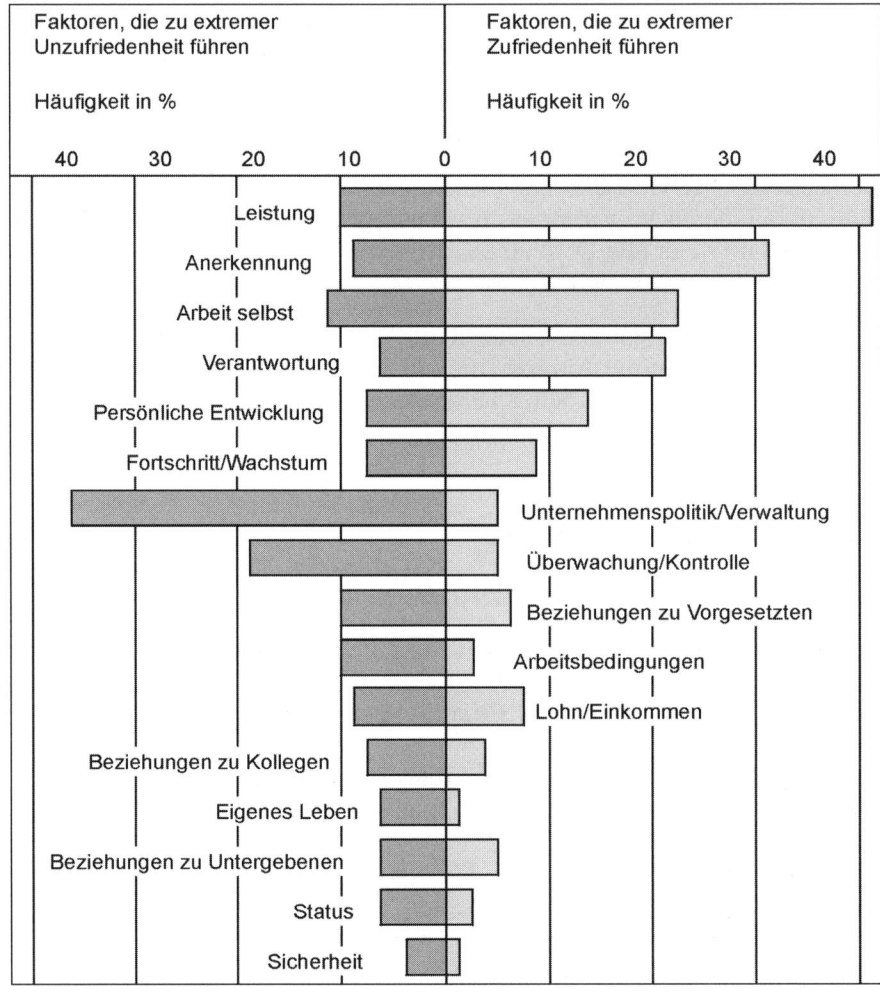

Abbildung 6:
Die Ordnung der Anreize (nach Herzberg, 1968, S. 57)

In dieser Anordnung finden sich zwei verschiedene Arten von Anreizen. Die einen beschreiben Erlebnisse, die mit dem Arbeitsumfeld verbunden sind. Dazu zählt das Gehalt, die Beziehung zu Untergebenen, Kollegen und Vorgesetzten, Statuszuweisungen und anderes mehr. Da diese Anreize überwiegend in negativen, mit Unzufriedenheit verbundenen Situationen genannt werden, hat Herzberg sie als *Hygienefaktoren* bezeichnet. Darin liegt bereits der wesentliche Gedanke: Die medizinische Hygiene

18

entfernt Gesundheitsrisiken aus der Umwelt des Menschen und verhindert damit Krankheit, psychologische Hygienefaktoren verhindern entsprechend Unzufriedenheit. Wird zum Beispiel das Gehalt als zu niedrig empfunden, funktioniert die Zusammenarbeit mit anderen nicht oder die Organisation und die Politik des Unternehmens werden als „unmöglich" erlebt, führt das zu Unzufriedenheit. Sind aber alle diese Merkmale der Arbeit hinlänglich erfüllt, entsteht daraus nicht Zufriedenheit, sondern ein neutraler Erlebniszustand, der als Nicht-Unzufriedenheit bezeichnet wird.

Zufriedenheit erzeugen dagegen Anreize, die überwiegend mit dem Inhalt der Arbeit verknüpft sind:
– Leistungserlebnisse,
– Anerkennung für Leistungen,
– Arbeitsinhalte,
– Übertragung von Verantwortung,
– Aufstieg,
– das Gefühl, sich in der Arbeit entfalten zu können.

Diese Anreize werden in erster Linie im Zusammenhang mit Erlebnissen außerordentlicher Zufriedenheit genannt, daher kann man davon ausgehen, dass sie Annäherungsverhalten bei den Mitarbeitern auslösen. Motivation bedeutet aber allgemein Annäherung, weshalb diese Anreize auch als *Motivatoren* bezeichnet werden.

Werten Sie nun die „Übung: Kritische Ereignisse" nach diesem Schema aus:
– Zählt das Ereignis, das Sie zufrieden machte, zu den Motivatoren?
– War nach dem Ereignis Ihre Leistungsbereitschaft zumindest für kurze Zeit positiv?
– Zählt das Ereignis, das Sie unzufrieden machte, zu den Hygienefaktoren?
– War nach dem Ereignis Ihre Leistungsbereitschaft zumindest für kurze Zeit negativ?

Das Gegenteil von Zufriedenheit ist demnach ein neutraler Zustand, die Nicht-Zufriedenheit. Das Gegenteil von Unzufriedenheit ist nicht Zufriedenheit, sondern gleichfalls ein neutraler Zustand, die Nicht-Unzufriedenheit. Zufriedenheit und Unzufriedenheit sind zwei voneinander *unabhängige* Zustände, da sie von *unterschiedlichen* Anreizen ausgelöst werden. Für die Praxis der Motivation ergeben sich daraus einige sehr wichtige Hinweise.

2.2.2 Motivation durch gezielte Gestaltung der Anreize

Um Unzufriedenheit und Leistungseinbußen zu vermeiden, sind die Hygienefaktoren zu beachten. Dabei können folgende Fragen hilfreich sein (Nerdinger, 2000).

- Kommen die Mitarbeiter mit dem Führungsverhalten klar?
- Treten zwischen den Kolleginnen und Kollegen Spannungen und Feindseligkeiten auf?
- Gibt es Probleme in der Organisation, werden die Mitarbeiter durch Bürokratie und starre Regelungen behindert oder aber kommen die Mitarbeiter aufgrund der ständigen Umorganisationen gar nicht mehr zur Ruhe?
- Hat das Unternehmen oder ein bestimmter Unternehmensbereich ein schlechtes Ansehen innerhalb oder außerhalb des Betriebes?
- Sollen Mitarbeiter entlassen werden oder ist gar das Gesamtunternehmen in seiner Existenz gefährdet?
- Sind die Arbeitsplätze unzureichend, unfreundlich oder lieblos gestaltet?
- Führt die betriebliche Situation im Privatbereich der Mitarbeiter zu Belastungen, beispielsweise durch lange Anfahrtswege, schlechte Verkehrsverbindungen oder mühsame Parkplatzsuche?
- Wird in der eigenen Abteilung im Vergleich zu anderen ein geringeres Gehalt gezahlt?
- Liegt das Unternehmen im Branchenvergleich der Gehaltspolitik unter dem Durchschnitt?

Diese Fragen zielen auf die häufigsten Ursachen der Unzufriedenheit, hier sollten Vorgesetzte im Rahmen ihrer Möglichkeiten um Verbesserungen bemüht sein. Um nachhaltig Zufriedenheit und Leistungsbereitschaft zu verbessern, muss man sich aber auf die *Motivatoren* konzentrieren. Dabei sind folgende Punkte zu beachten (Nerdinger, 2000):

Gezielte Beeinflussung von Zufriedenheit und Leistungsbereitschaft

- Leistungserlebnisse ermöglichen
- Leistungen und positives Verhalten ausdrücklich anerkennen
- Weiterqualifizieren und für persönliches Wachstum sorgen
- Aufstieg ermöglichen
- Den Arbeitsinhalt motivierend gestalten

• *Leistungserlebnisse ermöglichen*

Mitarbeiterinnen und Mitarbeiter haben motivierende Leistungserlebnisse, wenn sie Aufgaben erfolgreich bewältigen, die über folgende Merkmale verfügen:
- Die Aufgabe wurde ihnen vollständig – mit allen Rechten und Pflichten – übertragen;

– mit ihnen wurden Ziele vereinbart, die einen Erfolg überprüfbar machen und
– sie haben angemessene Rückmeldungen über ihren Erfolg erhalten.

Unter diesen Bedingungen können Mitarbeiter das Ergebnis ihrer Arbeit richtig einschätzen und eindeutig auf ihre eigenen Fähigkeiten bzw. ihre Anstrengung zurückführen.

• *Leistungen und positives Verhalten ausdrücklich anerkennen*

In Mitarbeiterbefragungen zeigt sich immer wieder, dass Mitarbeiter vor allem eines vermissen: Anerkennung! Jeder Mensch braucht Anerkennung, um sich zu entwickeln. Gleichzeitig ist Anerkennung das Führungsmittel, das Vorgesetzte am leichtesten einsetzen können. Interessante Aufgaben finden oder um Aufstiegsmöglichkeiten für die Mitarbeiter zu kämpfen, ist im Arbeitsleben gewöhnlich mit viel Aufwand verbunden, sofern es überhaupt möglich ist. Leistungen anerkennen kann dagegen jeder Vorgesetzte zu jeder Zeit. Warum wird es dann so selten gemacht?

Häufig nehmen Führungskräfte das eigene Verhalten falsch wahr, manche meinen: „Wenn ich nichts sage, ist das Anerkennung genug!". Eine stillschweigende Duldung erlebt aber niemand als Anerkennung. Gelegentlich ist auch zu hören: „Ich habe dafür keine Zeit". Das ist lediglich eine Schutzbehauptung, denn Anerkennung kann gewöhnlich sehr schnell und einfach vermittelt werden. Der wichtigste Grund ist vielmehr: Viele Vorgesetzte haben Angst, durch häufige Anerkennung könnten sich bei den Mitarbeitern Erwartungen entwickeln, die nur noch durch Gehaltserhöhungen und andere „harte" Zugeständnisse zu befriedigen sind. So reagieren Mitarbeiter aber nur, wenn Anerkennung falsch vermittelt wird: Wer undifferenziert die ganze Person lobt – im Sinne eines „Sie sind meine beste Mitarbeiterin!" –, der muss mit einer solchen Reaktion rechnen.

Lob und Anerkennung sollen Arbeitsergebnisse und konkretes Leistungsverhalten hervorheben. Aber auch anderes Verhalten ist lobenswert, zum Beispiel die Bereitschaft, Mehrarbeit zu machen oder kollegiales Verhalten. Genauso konsequent sollten schwache Leistungen und unerwünschtes Verhalten kritisiert werden. Damit ist nicht gemeint, dass keine Fehler erlaubt sind, ganz im Gegenteil – die lernende Organisation verlangt diese Möglichkeit, sonst kann sie sich nicht entwickeln (Gebert, 2002). Vielmehr muss Kritik konstruktiv sein, damit sie dem Lernen und der Weiterqualifikation dient. Wenn beides – Anerkennung und Kritik – angemessen eingesetzt wird, entstehen auch keine falschen Erwartungen, vielmehr entwickeln die Mitarbeiter ein realistisches Selbstbild und arbeiten effektiver.

• *Weiterqualifizieren und für persönliches Wachstum sorgen*

Weiterqualifikation und persönliches Wachstum bilden einen weiteren Motivator, der mit der beruflichen Aufgabe eng verbunden ist. Aufgaben sollten auch Neues und Unerwartetes vom Mitarbeiter fordern. Um solche Aufgaben erfolgreich zu lösen, müssen sie sich mit den Anforderungen gedanklich auseinandersetzen. Die Bewältigung der Aufgaben führt zu Innovationen im Unternehmen und die Mitarbeiter qualifizieren sich weiter (Gebert, 2002). Die Motivation zu permanenter Weiterqualifikation ist aber eine entscheidende Voraussetzung für die Überlebensfähigkeit eines Unternehmens. Eine Qualifizierung, die aus selbständig gesteuerten Lernprozessen entsteht, erleben Mitarbeiter als Entwicklung der persönlichen Fähigkeiten, als Wachstum der Person.

• *Aufstieg ermöglichen*

Aufstieg ist der Motivator, den die meisten Führungskräfte selbst am wenigsten beeinflussen können. Über Fragen des Aufstiegs wird gewöhnlich auf mehreren Ebenen und Abteilungen oder gar allein vom Top-Management entschieden. Aber von Führungskräften wird erwartet, dass sie fähige Mitarbeiter fördern und entwickeln, damit im Unternehmen für frei werdende, verantwortungsvolle Positionen geeignete Mitarbeiterinnen und Mitarbeiter bereit stehen. Das bedeutet, Befähigten den Weg zum Aufstieg bereiten, zum Beispiel durch entsprechende Leistungsbeurteilungen (Nerdinger, 2001b) oder in dem ihnen die Teilnahme an einem Assessment Center ermöglicht wird, um ihre Führungsfähigkeit unter Beweis zu stellen.

Dies sind wesentliche Motivatoren, mit denen sich Zufriedenheit und Leistungsbereitschaft der Mitarbeiter steigern lässt. Die wichtigste Quelle der Zufriedenheit ist aber der Inhalt der Arbeit. Dieser soll deshalb etwas genauer beleuchtet werden.

2.3   Intrinsische Motivation: Die Gestaltung der Tätigkeit

2.3.1 Dimensionen der Qualität von Tätigkeiten

Die motivierende Wirkung, die von der Tätigkeit ausgeht, wird als die *intrinsische*, der Arbeit als solcher innewohnende Motivation bezeichnet. Wer arbeitet, weil ihn die Aufgabe interessiert, weil sie ihm Spaß macht und ihn befriedigt, den bezeichnet man als intrinsisch motiviert. Arbeitet dagegen ein Mensch aus Gründen, die nicht in der Arbeit als solcher liegen, bezeichnet man ihn entsprechend als *extrinsisch* motiviert: Wer also zum Beispiel arbeitet, um möglichst viel Geld zu verdienen, der ist extrinsisch motiviert. Extrinsische Anreize wirken meistens nur kurzfristig, langfristige Zufriedenheit erzeugen dagegen Motivatoren, die vorwiegend intrinsische Aspekte der Tätigkeit thematisieren, das heißt mit der Arbeit unmittelbar verknüpft sind. Welche Aspekte der Arbeit zu intrinsischer Motivation führen, zeigt die folgende Darstellung (Hackman & Oldham, 1980).

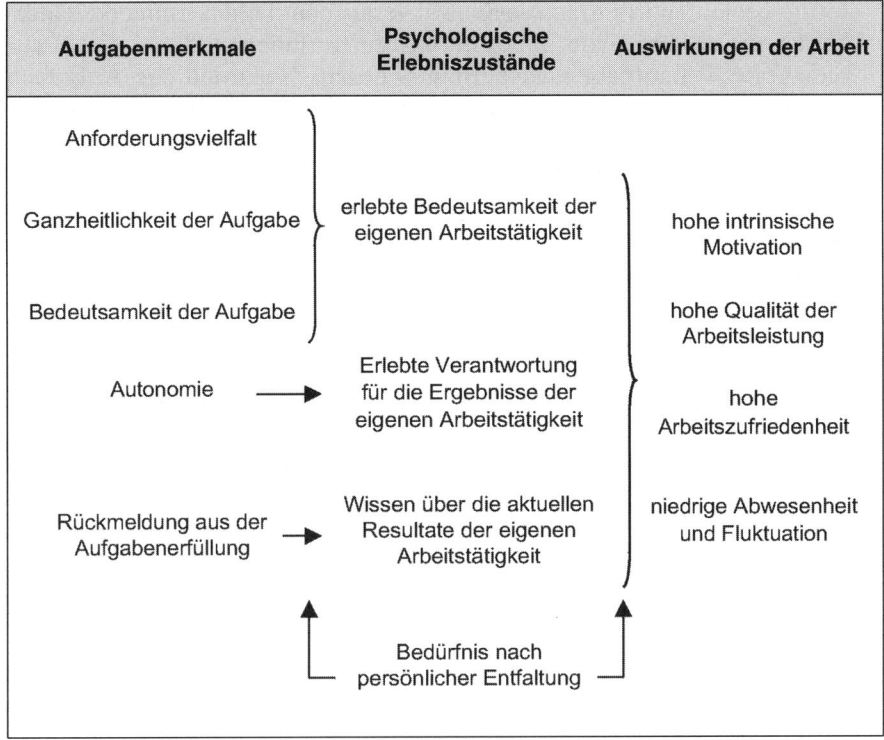

Abbildung 7:
Das Entstehen intrinsischer Motivation (nach Hackman und Oldham, 1980)

Damit Arbeit intrinsisch motivierend wirkt, muss sie drei psychologische Grundbedingungen erfüllen:
– die Tätigkeit muss als bedeutsam erlebt werden;
– die Arbeitenden müssen sich für die Ergebnisse ihrer Tätigkeit verantwortlich fühlen und
– sie müssen die aktuellen Resultate ihrer Tätigkeit, besonders die Qualität der Ergebnisse, kennen.

Diese psychologischen Erlebniszustände werden durch fünf Merkmale der Aufgabe ausgelöst:
1. *Anforderungsvielfalt* der Arbeitsaufgabe: Die Aufgabe sollte nicht nur eine einzelne bzw. wenige Fähigkeiten der Mitarbeiterinnen und Mitarbeiter beanspruchen, sondern möglichst viele motorische, intellektuelle *und* soziale Fähigkeiten; dann können sie unterschiedliche Fähigkeiten und Kenntnisse in der Arbeit einsetzen und sie werden nicht einseitig beansprucht;
2. *Ganzheitlichkeit* der Aufgabe. Gemeint ist damit der Grad, in dem ein zusammenhängendes Produkt oder eine vollständige Dienstleistung

fertig gestellt wird. Das Gegenteil veranschaulichen einfache Tätigkeiten wie sie vor allem in der Fertigung zu finden sind, bei denen nur reduzierte Teilaufgaben ausgeführt werden. Ganzheitliche Aufgaben vermitteln den Mitarbeitern den Sinn und den Stellenwert ihrer Tätigkeit;

3. *Bedeutsamkeit* der Aufgabe für das Leben und die Arbeit anderer: Wer erkennt, wie seine eigene Tätigkeit den Kunden nützt, wie sie mit den Aufgaben seiner Kollegen, aber auch mit der Arbeit anderer Abteilungen zusammenhängt, der wird seinen Beitrag zu den Zielen des Unternehmens verstehen und damit die Bedeutung seiner Arbeit erkennen;

4. *Autonomie* meint, die Mitarbeiterinnen und Mitarbeiter können eigenverantwortlich die Mittel ihrer Arbeit wählen und Teilziele selbständig festlegen. Dadurch erleben sie, dass sie nicht einfluss- und bedeutungslos sind. Das wiederum stärkt ihr Selbstwertgefühl und erhöht die Bereitschaft zur Übernahme von Verantwortung;

5. *Rückmeldung* aus der Tätigkeit, also solche Rückmeldungen, die unmittelbar in der Aufgabe angelegt sind; das ermöglicht es den Mitarbeitern, selbständig Fehlentwicklungen zu korrigieren und sie wissen immer, wie sie auf dem Weg zum Ziel liegen.

Diese Merkmale der Tätigkeit führen zu den drei genannten Erlebniszuständen. Die wichtigsten Folgen sind eine hohe intrinsische Arbeitsmotivation, aber auch die Qualität der Arbeitsleistung verbessert sich, die Arbeitszufriedenheit ist höher, die Mitarbeiter fehlen nicht so oft wegen Krankheit und wechseln den Arbeitsplatz seltener. Diese Wirkungen sind aber von einem Merkmal der Person abhängig, dem Bedürfnis nach persönlicher Entfaltung. Das Bedürfnis nach persönlicher Entfaltung beeinflusst zum einen, ob die Aufgabenmerkmale tatsächlich zu den drei Erlebniszuständen führen, zum anderen bestimmt es, ob die dargestellten Folgen eintreten. Bei Mitarbeitern mit einem hohen Bedürfnis nach persönlicher Entfaltung ist demnach ein enger Zusammenhang zwischen den Aufgabenmerkmalen und den Auswirkungen auf die Motivation zu erwarten. Bei niedrigem Entfaltungsbedürfnis findet sich dagegen kein solcher Zusammenhang. Letztlich entsteht intrinsische Motivation aus bestimmten Aufgaben, wenn diese in den Mitarbeitern das Bedürfnis nach Selbstentfaltung anregen. Das bedeutet, nicht alle Menschen reagieren gleich auf eine bestimmte Arbeit (vgl. Nerdinger, 1995).

Damit sind aber noch nicht alle motivierenden Merkmale der Tätigkeit genannt: Sehr wichtig ist auch die *Möglichkeit zur sozialen Interaktion* mit anderen Menschen (Ulich, 2001). Der Mensch ist ein soziales Wesen, erledigen mehrere Menschen gemeinsam eine Aufgabe, steigt gewöhnlich das Interesse und das Engagement für die Aufgabe. Der Austausch mit anderen ist anregend, gemeinsame Ziele erhöhen das Gefühl der Verantwortung des Einzelnen und können zu Höchstleistungen anstacheln. Wie wichtig der Kontakt mit Kolleginnen und Kollegen ist, zeigt sich sehr deutlich bei der sogenannten „Telearbeit", bei der Mitarbeiter einen Großteil ihrer Arbeitszeit Zuhause verbringen und lediglich über Telekommunikationsmittel mit den Vorgesetzten und Kollegen verbunden sind (Dostal, 1999; Büssing, Drodofsky & Hegendörfer, 2003). Bei allen Vorteilen, die eine solche Arbeitsform auch dem Mitarbeiter bietet – vor allem die Möglichkeit, sich seine Arbeitszeit selbst einzuteilen wird immer wieder genannt – fühlen sich viele Telearbeiter von der Gemeinschaft des Unternehmens isoliert und ausgeschlossen. Das stärkt Gefühle der Isolation, erschwert die Identifikation mit den Zielen des Unternehmens und kann die Motivation zur Arbeit erheblich beeinträchtigen.

So wichtig die sozialen Kontakte für die Motivation sind, vor allem bei der Arbeit in einer Gruppe sind einige Punkte zu beachten (Antoni, 2000). Zum einen müssen diejenigen, die in einer Gruppe zusammen arbeiten, teamfähig sein. Zum anderen ist die Zusammensetzung der Gruppe sehr wichtig. Damit Gruppenarbeit ihre motivierende Wirkung entfalten kann, müssen Mitglieder sehr sorgfältig nach psychologischen Gesichtspunkten zusammengestellt werden. Dazu zählt auch die Größe: Wenn mehr als fünf bis sieben Personen zusammen arbeiten, droht der sogenannte „Trittbrettfahrer-Effekt", das heißt einige Teilnehmer halten auf Kosten der anderen Leistung zurück.

2.3.2 Tätigkeiten motivierend gestalten

Was folgt aus diesen Erkenntnissen für die Motivation von Mitarbeitern? Letztlich hat die Gestaltung der Tätigkeit entscheidende Bedeutung für die Motivation der Mitarbeiter! Bevor man sich aber an die Gestaltung der Tätigkeit macht, muss zunächst die Frage nach dem richtigen Personaleinsatz geklärt werden: Stimmen die Anforderungen des Arbeitsplatzes mit den Fähigkeiten des Mitarbeiters überein? Wenn nicht, kann es erforderlich sein, Umbesetzungen vorzunehmen. Stimmen Anforderungen und Fähigkeiten grundsätzlich überein, so ist auf die motivierenden Merkmale des Arbeitsplatzes zu achten (Nerdinger, 2000).

Tätigkeiten motivierend gestalten
– Die Anforderungsvielfalt erhöhen
– Ganzheitliche Aufgaben gestalten
– Sinn und Bedeutung der Aufgabe vermitteln
– Handlungs- und Entscheidungsspielräume einräumen
– Handlungsergebnisse rückmelden oder Rückmeldung in die Arbeit einbauen
– Soziale Kontakte ermöglichen, Team- und Gruppenarbeit fördern

- *Anforderungsvielfalt*

Die Aufgabe sollte nicht nur eine oder wenige Fähigkeiten des Mitarbeiters beanspruchen, sondern möglichst viel Abwechslung bieten. Monotone Aufgaben sind demotivierend, sie beinträchtigen zudem das körperliche und psychische Wohlbefinden. Wer längere Zeit eine monotone Arbeit verrichtet, der verliert seine geistige Beweglichkeit, verhält sich in der Freizeit immer passiver – u. a. wird Fernsehen zur wichtigsten Freizeitbeschäftigung – und engagiert sich nicht mehr für gesellschaftliche Fragen. Solche Folgen zeigen sich vor allem bei industriellen Tätigkeiten, zum Beispiel bei einfachen Tätigkeiten in der Fertigung. Aber auch im Dienstleistungsbereich sind sie zu finden – man denke nur an die berüchtigten „MacJobs" (Nerdinger, 1994).

- *Ganzheitlichkeit der Aufgabe*

Der Sinn einer Aufgabe und damit ihre Bedeutung erschließt sich nur, wenn sie „als Ganzes" erledigt wird. Erfüllt ein Mitarbeiter nur Teilaufgaben, kann er den Wert seiner Leistung nicht oder nur sehr schwer einschätzen. Wenn beispielsweise ein Mitarbeiter in einer Versicherung nur die Prämien der Versicherungspolicen berechnet, wogegen alle anderen damit verbundenen Fragen von anderen Kollegen erledigt werden, wickelt er diese Aufgabe auf Dauer immer mechanischer ab und verliert jedes Interesse an seiner Tätigkeit (Ulich, 2001).

- *Bedeutsamkeit der Aufgabe*

Wer arbeitet, möchte das Gefühl haben, damit einen Beitrag zu wichtigen gesellschaftlichen Werten zu leisten. Wenn aber ein Mitarbeiter nicht weiß, welche Bedeutung seine Arbeit innerhalb eines übergeordneten Ganzen hat – für die Kolleginnen und Kollegen, das Unternehmen oder auch für die Menschen außerhalb des Unternehmens, besonders die Kunden (Nerdinger, 2003) –, wird er sich innerlich von seiner Arbeit immer mehr distanzieren.

Diese drei Merkmale der Arbeit – Anforderungsvielfalt, Ganzheitlichkeit und Bedeutsamkeit – tragen zusammen dazu bei, dass eine Aufgabe als wichtig erlebt wird. Die Merkmale können sich wechselseitig kompensieren: Beispielsweise kann eine hohe gesellschaftliche Bedeutung zumindest zeitweise eine geringe Anforderungsvielfalt ersetzen. Ein Arbeiter, der in der Fertigung eine Sicherheitsvorrichtung am Tankdeckel des neu gebauten Autos anbringt, hat eine relative monotone Tätigkeit. Das Wissen, dass damit der Tankvorgang für die Kunden sicherer wird, verleiht der Tätigkeit aber eine Bedeutung, die auf den Arbeiter ausstrahlt und ihn motiviert (Neuberger, 1985).

- *Autonomie*

Mitarbeiter sollen innerhalb ihrer Aufgabenstellung selbst planen, entscheiden und Ergebnisse kontrollieren können. Wer selbständig plant und entscheidet, dem wird auch die Verantwortung seiner Tätigkeit bewusst. Autonomie in der Arbeit beeinflusst also einen weiteren Motivator: Die erlebte Verantwortung für die Ergebnisse der Arbeit. Durch Empowerment, durch die Übertragung von Handlungsspielräumen und Verantwortung wird die persönliche Initiative der Mitarbeiter gestärkt, der Mitarbeiter kann sich zum Intrapreneur entwickeln (Wunderer & Dick, 1998; Nerdinger, 2003).

- *Rückmeldung*

Hier ist zuerst an Rückmeldungen zu denken, die direkt in der Tätigkeit angelegt sind. In der Produktion sind das Zählwerke, Arbeitsschau-Uhren oder ähnliche Messvorrichtungen, die dem Arbeitenden jeweils den Stand seiner Tätigkeit signalisieren und ihm damit ermöglichen, selbständig die weiteren Arbeitsschritte zu steuern (Neuberger, 1985). Aber nicht immer sind solche Messvorrichtungen vonnöten: Ein Verkäufer, der ein klares Umsatzziel hat, kann zu jeder Zeit erkennen, wie er auf dem Weg zum Ziel liegt (Nerdinger, 2001a). Das wirkt motivierend auf die Leistung. Soll Rückmeldung darüber hinaus auch zur Zufriedenheit beitragen, muss sie vom Vorgesetzte kommen: Er muss Leistungen loben und erwünschtes Verhalten anerkennen.

- *Soziale Kontakte*

Schließlich ist darauf zu achten, dass die Arbeit auch genügend soziale Kontakte und Interaktionen ermöglicht. Der gelegentliche Betriebsausflug oder die Möglichkeit, in der Teeküche oder im Betriebsrestaurant informell einige Worte zu wechseln, wirken zwar positiv, sind aber nicht genug. Menschen streben nach positiven, andauernden und befriedigenden Beziehungen zu anderen Menschen (Baumeister & Leary, 1995). Daher werden Kontakte mit ständig wechselnden Menschen als weniger befriedigend erlebt im Vergleich zu denen in einer vertrauten Gruppe. Mitglied in einer funktionierenden Gruppe zu sein, schafft das Gefühl der Sicherheit und Geborgenheit. Sehen sich Menschen mit Gefahren bedroht, suchen sie die Nähe vertrauter Personen. Wenn möglich sollte daher die Arbeit als Teamarbeit organisiert werden, so dass eine kleinere Gruppe von Kolleginnen und Kollegen intensiv an einer gemeinsamen Aufgabe arbeiten kann (Antoni, 2000). Diese aufgabenbezogenen Kontakte befriedigen die sozialen Motive und wirken sich förderlich auf die Leistung aus, sofern sich die Gruppe mit der Aufgabe identifiziert.

Bei der Arbeitsgestaltung mit dem Ziel, die intrinsische Motivation zu erhöhen, ist allerdings immer folgendes zu beachten. Zwar mag zum Beispiel eine neue Aufgabe mit mehr Verantwortung sehr attraktiv für Mitarbeiter sein, gleichzeitig können sich damit aber auch Befürchtungen verbinden (Semmer, 1995) – die Befürchtung, nicht mehr mit denselben Kollegen zusammenarbeiten zu können, die man so schätzt; dass die Arbeitsbelastung stark ansteigt, man der Aufgabe nicht gewachsen ist oder es dem Unternehmen nur darum geht, Arbeitskräfte einzusparen. Lehnt ein Mitarbeiter eine verantwortungsvollere Aufgabe ab, heißt das nicht unbedingt, dass er dieser Aufgabe keinen Wert beimisst. Der Vorgesetzte muss versuchen im Gespräch herauszufinden, was tatsächlich hinter der Ablehnung steht.

Diese Aufgabe der Führungskraft ist besonders zu betonen, da die psychologische Forschung gezeigt hat, dass Menschen prinzipiell die motivierende Wirkung der Tätigkeit auf *andere* Menschen unterschätzen (Heath, 1999): Zum Beispiel wurden angehende Rechtsanwälte nach ihren Motiven für eine berufliche Karriere in der Justiz gefragt, außerdem sollten sie angeben, welche Motive nach ihrer Meinung ihre Kollegen bewegen. 64 % bezeichneten sich selbst als intrinsisch motiviert – sie gaben an, dass sie eine Karriere aus Interesse an Rechtsfragen anstreben bzw. weil sie diese als intellektuell herausfordernd einschätzen. Bezogen auf die Kollegen glaubten das nur 12 %, dagegen meinten 62 %, die Kollegen seien vor allem an einem hohen Einkommen interessiert.

Eine solche verzerrte Wahrnehmung der Motive anderer Menschen findet sich auch häufig unter Führungskräften, die sich selbst eine hohe intrinsische Motivation bescheinigen, ihre Mitarbeiter jedoch „lediglich" als extrinsisch motiviert ansehen. Wer einem solchen Glauben nachhängt, wird kaum die Gelegenheiten wahrnehmen, um die Aufgaben seiner Mitarbeiter interessanter zu gestalten. Und wer bei einem Mitarbeiter Bedenken vor der Übernahme einer Aufgabe mit mehr Autonomie feststellt, wird sich sofort in seinem Glauben bestärkt fühlen und meinen, der Mitarbeiter wäre eben nur an extrinsischen Anreizen – vor allem an Geld – interessiert.

> Der weit verbreitete Glaube, andere seien in erster Linie extrinsisch motiviert, führt zur systematischen Vernachlässigung einer entscheidenden Quelle der Motivation, der Tätigkeit.

Damit sind die wichtigsten Motivatoren benannt. Bleibt noch eine, für die Motivation von Mitarbeiterinnen und Mitarbeitern zentrale Frage zu klären: Wie steht es mit dem Geld? Bislang wurde Geld als Hygienefaktor gesehen, demnach kann es nur zu wenig sein und führt dann zu Unzufriedenheit. Fühlt man sich dagegen einmal (ausnahmsweise) seiner Leistung entsprechend entlohnt, so ist das kein Grund zur Freude: Vielmehr ist die

Entlohnung in diesem Fall so, wie sie sein soll! In der betrieblichen Praxis wird dagegen Geld häufig als wichtigster Faktor der Motivation betrachtet.

2.4 Motiviert Geld?

Menschen brauchen Geld, in modernen Gesellschaften ist ein Leben ohne Geld nicht möglich. Von den wenigen abgesehen, die es nicht nötig haben, arbeiten Menschen, um sich den Lebensunterhalt zu verdienen (Thierry, 2002). Aber das bedeutet noch nicht, dass sich Menschen durch Geld zu mehr Leistung motivieren lassen. In Maslows Motivpyramide dient Geld der Befriedigung grundlegender Bedürfnisse. Wenn diese gesichert sind, treten andere, „höhere" Motive auf den Plan. Nach dem Modell von Herzberg ist Geld – genauer: das Gehalt – ein Hygienefaktor, es reduziert Unzufriedenheit, kann aber nicht zu Leistung und Zufriedenheit motivieren. Andere Autoren sehen sogar Gefahren beim Einsatz finanzieller Leistungsanreize: Sie können dazu führen, dass sich Menschen nur noch auf die Aufgabe konzentrieren, die finanziell belohnt wird und alle andere Aufgaben darüber vernachlässigen. So führt zum Beispiel die einseitige Entlohnung von Verkäufern auf der Grundlage der erzielten Umsätze häufig zur Vernachlässigung anderer Aufgaben wie der Pflege der Beziehung zu den Kunden (Nerdinger, 2001a).

Noch weiter geht der sogenannte *Verdrängungseffekt* (Deci & Ryan, 1985): Demnach kann die finanzielle Belohnung einer Aufgabe die intrinsische Motivation der Aufgabe verdrängen. Solche Effekte sind aus der Erziehung von Kindern bekannt. Werden Kinder für die Erfüllung ihrer Schularbeiten materiell belohnt, so verlieren sie mit der Zeit das Interesse an den Aufgaben und erledigen sie nur noch, um die Belohnung zu bekommen (Frey & Osterloh, 2000). Dieser Effekt tritt allerdings nur ein, wenn die Belohnung nicht an eine bestimmte Leistung oder eine vorgegebene Qualität der Aufgabenlösung gebunden wird (vgl. Eisenberger & Cameron, 1996). Wird dagegen den Mitarbeitern vorher genau gesagt, welche Leistung sie in einer zugewiesenen Aufgabe erbringen sollen, kann eine Belohnung dieser Leistung die Freude an der Arbeit nicht verdrängen.

Soweit die eher theoretischen Überlegungen. Die wissenschaftliche Forschung untersucht die Frage, ob Geld motiviert, seit mehreren Jahrzehnten. Das Ergebnis ist eindeutig (Jenkins et al., 1998):

> Finanzielle Anreize können die Leistungs*menge* steigern, auf die Leistungs*güte* haben sie dagegen keinen Einfluss.

Wenn Menschen *mehr* arbeiten sollen, sind finanzielle Anreize häufig wirksam, besser wird die Arbeit dadurch aber nicht unbedingt! Wie ist das zu erklären? Geld ist ein komplexer Anreiz, der auf viele verschiedene Motive wirken kann. Unabhängig vom finanziellen Wert sind damit auch symbolische Bedeutungen verbunden: Geld befriedigt den Wunsch nach Anerkennung und Status, durch eine finanzielle Prämie kann auch die Bedeutung einer Leistung verdeutlicht werden. Geld befriedigt zudem die Motive nach Freiheit und Kontrolle der Umwelt und schließlich – bestimmt nicht zuletzt – befriedigt Geld auch das Machtmotiv (Furnham & Argyle, 1998). Eine in Aussicht gestellte finanzielle Belohnung regt verschiedenste Motive an und führt deshalb häufig zu größerer Anstrengung, die sich in der Quantität der Arbeit niederschlagen kann. Die Qualität dagegen hängt in sehr viel stärkerem Maße von anderen Bedingungen ab. Besonders wichtig ist das individuelle Können, die Fähigkeiten und Fertigkeiten, die allein durch finanzielle Anreize nicht beeinflusst werden.

Geld kann also die Leistungsmenge steigern. Das ist allerdings das durchschnittliche Ergebnis einer Vielzahl von Untersuchungen, wobei die unterschiedlichsten Aufgaben und die verschiedensten Leistungsmaße verwendet wurden. Ein solcher Zusammenhang ist daher nicht immer und überall zu erwarten. Das sei am Beispiel der heftig diskutierten Aktienoptionen verdeutlicht, die als spezieller Anreiz für Führungskräfte in zunehmendem Maße eingesetzt werden (Benz, Kucher & Stutzer, 2000).

Mit Aktienoptionen soll das Interesse der Manager auf den Unternehmenswert gelenkt werden, vor allem Wirtschaftswissenschaftler und Unternehmensberater versprechen sich von diesem Motivationsinstrument eine stärkere Bindung der Manager an das Unternehmen und ein Handeln im Sinne der Eigentümer, der Aktionäre. Letztlich soll damit der Unternehmenswert gesteigert werden, der wiederum von den Aktienkursen abhängt. Die Realität sieht allerdings eher düster aus. In einer Untersuchung der 500 größten amerikanischen Unternehmen wurde nur ein äußerst schwacher Zusammenhang zwischen Aktienoptionen für die Führungskräfte und dem Unternehmenswert nachgewiesen. Dabei ist zudem die Richtung der Kausalität unklar: Häufiger führt wohl der Unternehmenserfolg zur Ausgabe von Aktienoptionen und nicht umgekehrt (Benz et al., 2000).

Dagegen finden sich andere Zusammenhänge, die ein fragwürdiges Licht auf dieses Motivationsinstrument werfen. Aktienoptionen fallen umso üppiger aus, je weniger die Manager durch die Eigner kontrolliert werden. Das ist zum Beispiel bei personellen Verflechtungen zwischen Verwaltungsrat und Management der Fall. Dieses Motivationsinstrument führt also nicht unbedingt zu einer Bindung der Manager an die Aktionärsinteressen oder zu mehr Leistung, die sich im Unternehmenswert niederschlägt.

Unter welchen Bedingungen sind dann finanzielle Anreize zur Steigerung der Leistung zu empfehlen? Entscheidend ist, dass man die Höhe des Entgelts eindeutig der erwünschten Leistung zuordnen kann.

> Mitarbeiter müssen die Beziehung zwischen finanziellen Anreizen und erwünschter Leistung klar und unmissverständlich erkennen und auch in der Lage sein, sie nachzuvollziehen.

Sobald hier Unklarheiten bestehen, droht die Gefahr, dass sich die Mitarbeiter ungerecht behandelt fühlen und in der Folge unzufrieden sind. Noch schlimmer ist es, wenn aufgrund uneindeutiger Zusammenhänge zwischen Leistung und finanziellem Anreiz für den Mitarbeiter eine Versuchung besteht, die Grundlagen des Entgelts zu manipulieren: So haben zum Beispiel Automechaniker einer Kette amerikanischer Reparaturbetriebe die Kunden zu unnötigen Reparaturen gedrängt, nachdem die Entlohnung auf einen prozentualen Anteil an den Gewinnen aus den einzelnen Reparaturen umgestellt wurde (Frey, 2000). Je mehr Reparaturen anfielen, desto besser war die Bezahlung der Mechaniker. Daher hatten die Mechaniker nicht mehr die Interessen der Kunden im Auge mit der Folge, dass die Firma auf Schadensersatz verklagt wurde und einen schweren Imageverlust erlitt. Obwohl leistungsgerechtes Entgelt auf den ersten Blick eindeutig positiv erscheint, ist die Umsetzung dieser Forderung in der Realität äußerst schwierig.

Die Bedingungen für eine eindeutige und vollständige Erfassung aller erwünschten Leistungen sowie die präzise Zuordnung des finanziellen Entgelts solcher Leistungen ist gewöhnlich bei eher einfachen Tätigkeiten am besten gegeben. So ist zum Beispiel die Firma „Safelite" für das Einsetzen von Windschutzscheiben in Autos von fixen Stundenlöhnen zu Stücklöhnen übergegangen. In der Folge erhöhte sich die Produktivität um ca. 44 % (Frey, 2000). Stücklohn ist eine klassische Form des Leistungslohns, die in diesem Fall zu ausgesprochen hohen Leistungssteigerungen geführt hat. Bei einfachen Tätigkeiten wie dem Einbau von Windschutzscheiben kann Geld also sehr wohl zur Leistung motivieren.

Dabei ist allerdings eine weitere Folge dieser Form des Entgelts zu beachten. Wie aus dem Verkauf bekannt, werden von guten Verdienstmöglichkeiten solche Menschen angezogen, die vor allem an der Maximierung ihres Einkommens interessiert sind (Nerdinger, 2001a). Es tritt also ein sogenannter *Selektionseffekt* ein. Im Falle der Firma „Safelite" hat sich dieser Selektionseffekt positiv ausgewirkt, da rund die Hälfte der Steigerung in der Produktivität auf neue Mitarbeiter zurückzuführen war, die aufgrund der guten Verdienstmöglichkeiten angelockt wurden. Ein Selektionseffekt kann aber auch dazu führen, dass längerfristig die Flexibilität eines Unternehmens abnimmt, da man den Mitarbeitern nur noch eindeutig mess- und entlohnbare Aufgaben zuweisen kann. Im Beispiel der Firma „Safelite" könnte das bedeuten: Wenn der Einbau von Windschutzscheiben nicht mehr genügend Umsatzwachstum ermöglicht und die Firma auf komplexere Tätigkeiten umstrukturiert wird, bekommt sie möglicherweise große

Probleme, da sie für deren Bewältigung nicht über die geeigneten Mitarbeiter verfügt.

Das zeigt sich auch in Verkaufsorganisationen, die ausschließlich auf Provisionsbasis entlohnen (Nerdinger, 2001a). Erklärt eine solche Organisation zum Beispiel „Kundenorientierung" zum neuen strategischen Ziel, muss unter anderem das Entlohnungssystem auf Festgehälter umgestellt werden. Der Erfolg der Umstellung hängt aber entscheidend von der Belegschaft ab. Wurden aufgrund der Bezahlung auf Provisionsbasis jahrelang vor allem solche Mitarbeiterinnen und Mitarbeiter vom Unternehmen angezogen und eingestellt, die allein am Einkommen interessiert sind, so wird die Ausrichtung auf das neue Ziel erhebliche Probleme machen.

> Das Entgeltsystem muss immer auf die längerfristigen Unternehmensziele abgestimmt werden!

2.5   Fazit

Bislang wurden die Inhalte der Motivation, die Motive, Anreize und ihr Zusammenwirken zu motiviertem Verhalten betrachtet. Damit wird konkret benannt, was Menschen anstreben – was sie anzieht – und daraus lassen sich Handlungsempfehlungen zum gezielten Einsatz von Anreizen ableiten. Allerdings sind diesem Vorgehen Grenzen gesetzt. Mitarbeiter leisten häufig sehr viel, obwohl die Situation alles andere als anregend und motivierend erscheint. Umgekehrt kann es passieren, dass ein Vorgesetzter mit scheinbar hoch bewerteten Anreizen „lockt" und keinerlei Erfolg hat.

Untersucht man solche Fälle genauer, so wird man zum Beispiel feststellen, dass die Mitarbeiter die gebotenen Anreize zwar als sehr verlockend empfinden, sich aber die dazu erforderlichen Leistungen nicht zutrauen. Oder aber sie haben die Erfahrung gemacht, dass im Betrieb öfter die schönsten Versprechungen gemacht werden und später wird nichts davon eingehalten. In die Motivation gehen also immer auch Überlegungen über die Wahrscheinlichkeit ein, mit der eine Handlung zu einem erwünschten Ziel führt. Solche Überlegungen und die daraus für die Motivation von Mitarbeitern entstehenden Konsequenzen werden im Folgenden genauer dargestellt.

3 Motivation: Der Weg zum Ziel

Die Prozessperspektive der Motivation geht von der Frage aus, wie sich Menschen in einer konkreten Situation für eine bestimmte Handlungsalternative entscheiden. Weiter versucht sie zu klären, mit welcher Intensität und Ausdauer diese Handlungsalternative verfolgt und wie die dabei erzielten Ergebnisse bewertet werden. Dieser Prozess lässt sich in folgende vier Phasen unterteilen (Heckhausen, 1989; Gollwitzer, 1996):

Motivation	Wille		Motivation
vor der Entscheidung	vor der Handlung	während der Handlung	nach der Handlung
Wählen	**Ziele setzen**	**Regulieren**	**Bewerten**

Abbildung 8:
Die Phasen der Handlung (in Anlehnung an Heckhausen, 1989)

Gewöhnlich liegt einer Handlung eine Entscheidung zugrunde: In der Regel stehen uns verschiedene Handlungsalternativen zur Verfügung, zwischen denen wir uns entscheiden müssen. Daher beginnt das Phasenmodell mit der Wahl zwischen verschiedenen Alternativen, die erste Phase wird entsprechend als *Phase vor der Entscheidung* bezeichnet wird. Vor der Entscheidung werden die Handlungsalternativen daraufhin geprüft, wie attraktiv sie sind und abgewogen, ob sie sich realisieren lassen. Im Berufsleben kann dieser Prozess zum Beispiel anhand der Wahl eines bestimmten Arbeitgebers veranschaulicht werden. Bei der Stellenwahl steht immer eine Entscheidung an, sei es zwischen mehreren Stellenangeboten oder zwischen einem Stellenangebot und der Alternative, weiter nach einem besseren Arbeitsplatz zu suchen. Diese Alternativen werden gegeneinander abgewogen, wobei man sich gewöhnlich für die Alternative entscheidet, die den größten subjektiven Nutzen verspricht.

Nach der Entscheidung für eine Alternative kommt es darauf an, die gewählte Handlung auch zu realisieren. Das ist eine Frage des Willens (Goschke, 2002). Willensprozesse lassen sich wiederum in zwei Phasen einteilen. *Vor der Handlung* muss das Ziel des Handelns geklärt werden. Zum Beispiel ist mit der Entscheidung für ein Unternehmen die Bereitschaft verbunden, sich für das Unternehmen zu engagieren. Diese Leistungsbereitschaft der Mitarbeiter müssen die Führungskräfte des Unternehmens auf die Erfüllung der Arbeitsaufgaben lenken: Sie müssen den Mitarbeitern ihre Aufgaben zuweisen und klar machen, was sie erreichen sollen. Mit anderen Worten: Führungskräfte müssen Ziele für das Leistungshandeln setzen, die den Mitarbeitern verdeutlichen, was von ihnen erwartet wird und an welchen Maßstäben sie ihr Handeln ausrichten sollen.

Nach der Zielsetzung kommt es zum Handeln. Da Ziele mehr oder weniger weit in die Zukunft weisen, müssen die Handlungen immer wieder auf Zielkurs gehalten werden (Goschke, 2002). Auch dies ist eine Aufgabe des Willens, deshalb kann von einer *Willensphase des Handelns* gesprochen werden. Soll zum Beispiel ein neuer Mitarbeiter der Personalabteilung bis zum Jahresende ein Assessment Center für die Auswahl von Führungs-nachwuchskräften entwickeln, so muss er zur Erreichung dieses Ziels etliche Probleme bewältigen, verschiedenste Hindernisse überwinden und seine Handlungen immer wieder auf das Ziel ausrichten. Dazu muss er sich selbst motivieren. Vor allem wenn ein Mitarbeiter relativ großen Handlungsspielraum hat, erfordert die Realisierung von Zielen ein hohes Maß an Selbstdisziplin und die Fähigkeit, sich selbst zu motivieren.

Nach *Abschluss der Handlungen*, wenn das Ziel erreicht (oder verfehlt) wurde, werden die Ergebnisse gewöhnlich bewertet (Gollwitzer, 1996). Hat der neue Mitarbeiter am Ende des Jahres ein Konzept für ein Assessment Center vorgelegt, wird nicht nur der Vorgesetzte, sondern auch er selbst seine Leistung bewerten. Solche Bewertungen haben verschiedene Konsequenzen: Sie können Gefühle des Stolzes oder der Scham auslösen, der Mitarbeiter wird aber auch abwägen, ob die Anerkennung der Leistung von Seiten des Unternehmens in einem angemessenen Verhältnis zu seinem Einsatz steht. Aus diesen Überlegungen entstehen Gefühle der Zufriedenheit oder der Unzufriedenheit, die auf die weitere Motivation wirken: Steht der Mitarbeiter wieder vor Entscheidungen, zum Beispiel über den beruflichen Aufstieg oder einen Wechsel des Arbeitgebers, so wird er seine Entscheidung nicht zuletzt aufgrund seiner Erfahrungen im Unternehmen treffen.

In den folgenden Kapiteln werden diese Phasen im Detail besprochen.

4   Vor der Entscheidung: Wählen

Die Wahl zwischen verschiedenen Handlungsmöglichkeiten wird als Prozess des Abwägens erlebt, wobei man sich gewöhnlich für die Möglichkeit entscheidet, die den größten Nutzen verspricht oder am günstigsten erscheint. Um festzustellen, was am günstigsten ist, werden drei Aspekte der Handlungsmöglichkeiten berücksichtigt: Ihr Wert, die Erwartung, dass sie sich realisieren lassen und schließlich die Folgen für weitere Ziele, die als Instrumentalität bezeichnet werden (Vroom, 1964).

4.1   Was bestimmt eine Entscheidung?

Der Entscheidung, ob eine Handlung ausgeführt wird, liegen drei Fragen zugrunde:
– Wie wünschenswert sind die Ergebnisse der Handlung (Wert)?
– Wie wahrscheinlich sind die Ergebnisse (Erwartung)?
– Welche Folgen haben die Ergebnisse (Instrumentalität)?

Für viele Menschen ist zum Beispiel die Möglichkeit zur beruflichen Karriere ein wichtiger Anreiz für ihre Leistung. Der Anreiz „berufliche Karriere" wirkt auf den Wunsch nach beruflicher Entwicklung, aber auch nach Status und Ansehen, und ist daher für die meisten Menschen sehr attraktiv. Das wird als der *Wert* der Handlungsalternative, in diesem Fall als Wert der beruflichen Karriere bezeichnet (vgl. Nerdinger, 1995). Da beruflicher Aufstieg für die meisten Menschen einen hohen Wert hat, sollte die Möglichkeit dazu auch allgemein zu Höchstleistungen motivieren. Offensichtlich ist das nicht der Fall.

Damit Menschen ihr Bestes geben, müssen nicht nur die möglichen Folgen ihres Einsatzes attraktiv sein, sie müssen auch der Meinung sein, dass ihr Einsatz tatsächlich zu dem erwünschten Ergebnis führt. Dieser Zusammenhang wird als *Instrumentalität* bezeichnet: Leistung muss demnach als geeignetes Mittel, als „Instrument" zum beruflichen Aufstieg wahrgenommen werden. Wer dagegen glaubt, um aufzusteigen braucht man vor allem gute Beziehungen zu den Mächtigen des Unternehmens, der wird sich auch nicht besonders anstrengen: Leistung ist in diesem Fall nicht instrumentell für den beruflichen Aufstieg.

Noch eine weitere Überlegung tritt im Prozess der Entscheidung auf. Bislang wurde die Möglichkeit, viel leisten zu können, als selbstverständlich erachtet. Im Berufsleben ist das keineswegs immer der Fall. Wenn eine Voraussetzung für beruflichen Aufstieg zum Beispiel darin besteht, mehrere fachliche Projekte erfolgreich abzuschließen, entscheidet über den Einsatz und das Engagement des Mitarbeiters letztlich seine Überzeugung, dass er aufgrund seiner Fähigkeiten in der Lage ist, die Projekte erfolgreich zu beenden. Der Mitarbeiter muss die *Erwartung* haben, dass er die geforderte Leistung auch erbringen kann. Zur Erklärung der Motivation sind also nicht nur die Werte von Anreizen zu beachten, vielmehr müssen immer auch die mit den Begriffen Instrumentalität und Erwartung beschriebenen Überlegungen berücksichtigt werden.

Die Zusammenhänge zwischen diesen Größen seien am Beispiel erläutert (vgl. dazu Semmer, 1995). Angenommen, ein Vorgesetzter fragt seinen Mitarbeiter, ob er ein Projekt zur Entwicklung eines neuen Prüfverfahrens in der Produktion leiten will. Zunächst wird sich der Mitarbeiter fragen, was das für ihn bedeutet. Folgendes könnte ihm spontan in den Sinn kommen: Er muss auf jeden Fall mit mehr Aufwand rechnen, seine freie Zeit wird noch knapper. Die Aufgabe als solche klingt aber sehr interessant und herausfordernd, außerdem weiß er, dass im Unternehmen erfolgreiche Projektarbeit immer wieder als eine entscheidende Voraussetzung für beruflichen Aufstieg bezeichnet wird. Das erfordert allerdings die Anerkennung der Leistung durch den Vorgesetzten, die ihn wiederum stolz machen würde, da er dessen fachliche Fähigkeiten sehr schätzt.

Der Wert eines Handlungsergebnisses ergibt sich aus den Folgen, die es nach sich zieht, das heißt aus den Instrumentalitäten. Am Beispiel lässt sich das so verdeutlichen:

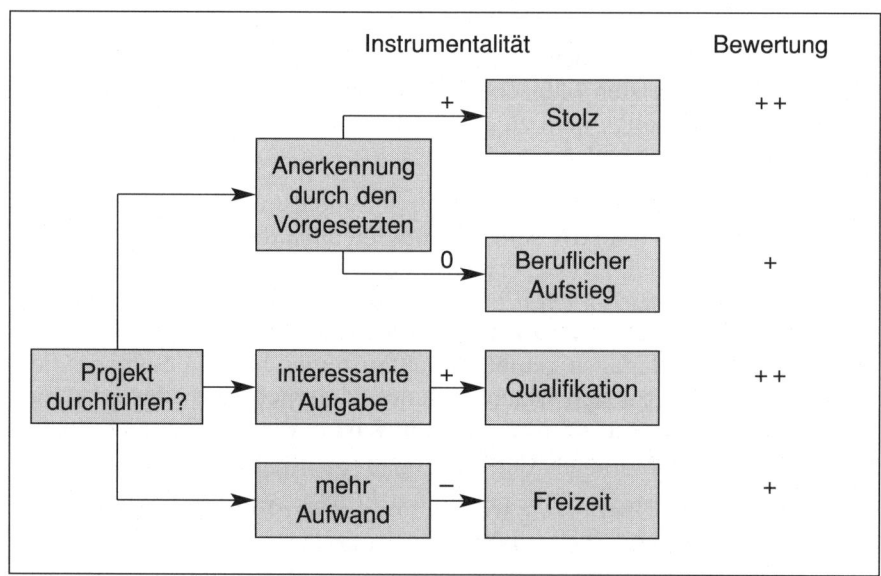

Abbildung 9:
Handlungsergebnisse erhalten ihren Wert über die Instrumentalität für die Folgen

Die interessante und herausfordernde Aufgabe führt nach Meinung unseres Mitarbeiters dazu, dass er sich beruflich besser qualifiziert, sie hat also eine positive Instrumentalität für die Qualifikation. Die fachliche Qualifikation ist ihm auch sehr wichtig. Die Anerkennung durch den Vorgesetzten würde ihn mit Stolz erfüllen – Anerkennung ist allgemein instrumentell für das Erleben von Stolz. Sich stolz zu fühlen, ist angenehm und hat daher einen hohen Wert. Leider ist dem Mitarbeiter aber noch kein Fall bekannt, in dem sich der Vorgesetzte für den beruflichen Aufstieg seiner Mitarbeiter sonderlich eingesetzt hätte, Anerkennung hat daher in diesem konkreten Fall keine Instrumentalität. Ganz sicher führt aber der Mehraufwand der Projektarbeit zu noch weniger Freizeit, die Instrumentalität der Übernahme des Projekts für die Freizeit ist also negativ. Allerdings legt der Mitarbeiter als Junggeselle und ehrgeiziger junger Mann relativ wenig Wert auf Freizeit: Die Freizeit hat für ihn lediglich einen geringen Wert.

Die unmittelbaren Handlungsergebnisse erhalten also ihren Wert über die Überlegung, welche Folgen sie nach sich ziehen und wie diese Folgen bewertet werden. Daraus wird eine wichtige Erkenntnis für die Praxis der Motivation deutlich. Zum Beispiel hört man häufig in Unternehmen, Leistung sei die wichtigste Voraussetzung für beruflichen Aufstieg. Fragt man aber die Mitarbeiter, hört man allzu oft den Satz: „Durch Leistung ist hier noch keiner etwas geworden!" Wer zum Beispiel mit dem Anreiz „beruflicher Aufstieg" motivieren möchte und die Mitarbeiter strengen sich dennoch nicht sonderlich an, der schließt allzu schnell darauf, dass ihnen Aufstieg nicht wichtig ist. Häufig sehen aber die Mitarbeiter einfach keinen Zusammenhang zwischen ihrer Leistung und den in Aussicht gestellten Anreizen, die Ursache liegt in diesen Fällen also in den wahrgenommenen Instrumentalitäten.

> Vor jedem Versuch, Mitarbeiter zu motivieren, muss geklärt werden, welchen Wert sie möglichen Folgen des gewünschten Verhaltens beimessen und welche Zusammenhänge sie zwischen ihrer Leistung und den möglichen Folgen wahrnehmen.

Die Entscheidung des Beispiel-Mitarbeiters ist damit aber noch nicht geklärt, bislang ist nur klar, dass er das Ergebnis der Entscheidung hoch bewertet. Bevor der Mitarbeiter sich entscheidet, wird er noch überlegen, wie wahrscheinlich es ist, dass die genannten Ergebnisse auch eintreten. Folgende Erwartungen könnte er haben:

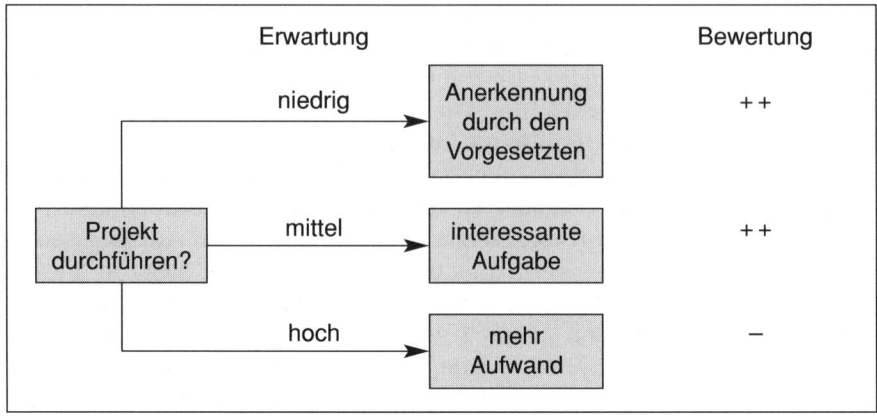

Abbildung 10:
Die Entscheidung über eine Handlung wird vom Wert der Ergebnisse
und der Wahrscheinlichkeit ihres Eintretens bestimmt

Der Mehraufwand ist absolut sicher. Von der Aufgabenstellung her klingt das Projekt sehr interessant, allerdings sieht die Realität nach des Mitarbeiters Erfahrung anders aus: Zum Beispiel versprach das letzte Projekt, das er durchgeführt hat, vom Thema her auch sehr interessant zu werden. Die Durchführung gestaltete sich dann aber sehr schwierig: Immer, wenn er wichtige Versuche durchführen wollte, wurden ihm die dafür notwendigen Ressourcen aus Kostengründen nicht gewährt. Daher musste er sich häufiger mit eher langweiligen Literaturstudien behelfen. Als „gebranntes Kind" erwartet der Mitarbeiter daher nur mit mittlerer Wahrscheinlichkeit, dass die Durchführung wirklich interessant wird. Schließlich erinnert er sich an die Abschlusspräsentation des letzten Projekts: Der Vorgesetzte zeigte damals kaum Interesse, murmelte am Ende nur ein paar allgemeine Worte und danach hat der Mitarbeiter nie mehr etwas darüber erfahren, was mit den Ergebnissen gemacht wurde. Anerkennung durch den Vorgesetzten erwartet er sich also kaum.

Obwohl das Projekt vom Inhalt her für den Mitarbeiter äußerst attraktiv ist, wird er sich nur nach längerem Zögern dafür entscheiden und dann auch eher lustlos an die Sache herangehen. Daraus lassen sich einige wichtige Schlussfolgerungen für die Praxis der Motivation ziehen. Der Vorgesetzte im Beispiel wird das Zögern bemerken und später vielleicht auch ein relativ geringes Engagement bei der Durchführung des Projekts feststellen. Hier droht die Gefahr, dass sich ihm sofort eine Erklärung aufdrängt: Der Mitarbeiter scheut den Mehraufwand, eigentlich interessiert ihn das Projekt wenig. Das ist nahe liegend, daher wird dieser Schluss auch häufig als erste Erklärung ins Auge gefasst. Das Fatale daran ist, dass der Vorgesetzte seine Meinung durch mehrere Beobachtungen genau belegen kann und sich deshalb in seinem Urteil sehr sicher ist. Der Mitarbeiter sieht aber sehr viel mehr Konsequenzen aus der Übernahme des Projekts als nur den Mehraufwand, sein mangelndes Engagement ist durch seine Erwartung wenig attraktiver Konsequenzen motiviert.

Führungskräfte sollten immer klären, welche Konsequenzen von Entscheidungen die Mitarbeiter wahrnehmen. Sie dürfen sich nicht mit einer nahe liegenden Konsequenz begnügen, sondern müssen mehrere Konsequenzen berücksichtigen.

Ein weiterer Punkt wird deutlich: Für Mitarbeiter sind die Reaktionen des Vorgesetzten von ganz besonderer Bedeutung, und sie erleben diese allzu häufig ganz anders, als der Vorgesetzte sich selbst sieht! Im Beispiel hatte der Vorgesetzte bei der Ergebnispräsentation des Projekts keine eindeutige Stellungnahme abgegeben. Aus seiner Sicht mag das bedeutet haben, dass er mit den Resultaten durchaus zufrieden war (er hat die Ergebnisse ja schließlich nicht ausdrücklich kritisiert!). Der Mitarbeiter hat dagegen auf mangelndes Interesse vonseiten des Vorgesetzten geschlossen. Daraus haben sich Erwartungen über künftige Reaktionen des Vorgesetzten gebildet, die wiederum seine Motivation beeinflussen.

Entscheidend für die Motivation ist, welche Erwartungen der Mitarbeiter an den Vorgesetzten und sein Verhalten hat.

Das verdeutlicht ein sehr wichtiges Problem bei der Motivation von Mitarbeitern. Gewöhnlich konzentriert man sich auf die Werte und fragt: Was ist dem Mitarbeiter wichtig? Häufig sind aber für dessen Entscheidung seine Erwartungen sehr viel wichtiger. Zudem lassen sich Erwartungen gewöhnlich besser beeinflussen als die Werte der Mitarbeiter. Am Beispiel: Der Vorgesetzte sieht den Inhalt des Projekts – den er selbst als sehr interessant einschätzt – und hätte sich eine begeisterte Zustimmung erwartet, stattdessen reagiert der Mitarbeiter eher skeptisch. Folgerung: Sein fachliches Interesse ist wohl doch nicht so groß! Dass der Mitarbeiter nur mit relativ geringer Wahrscheinlichkeit eine interessante Aufgabe erwartet und welche Überlegungen und Erfahrungen ihn zu dieser Einschätzung führen, bleibt dem Vorgesetzten verborgen.

Spricht der Vorgesetzte die Erwartungen des Mitarbeiters an das Projekt an, wird er viel über dessen Erfahrungen in früheren, vergleichbaren Situationen lernen. Er kann dann zum Beispiel mit dem Mitarbeiter Vereinbarungen über den Projektverlauf treffen, um negative Befürchtungen auszuschalten. Der Mitarbeiter wird in diesem Fall die Aufgabe motivierter angehen.

Die Erwartungen der Mitarbeiter in Bezug auf mögliche Ergebnisse seines Handelns müssen immer berücksichtigt werden.

Viele dieser Erwartungen gehen im vorliegenden Beispiel auf die Erfahrungen im letzten Projekt zurück, dort hat der Vorgesetzte offensichtlich das Verhalten des Mitarbeiters bei der Steuerung des Projekts ignoriert und daher Probleme, die dabei aufgetreten sind, nicht registriert. Stattdessen konzentrierte er sich auf die Ergebnisse, die ihn zwar zufrieden gestellt, aber nicht begeistert haben. Im Betrieb reagieren Vorgesetzte häufig nur auf die Ergebnisse und ignorieren das Verhalten der Mitarbeiter. Dadurch bilden sich Mitarbeiter aber Erwartungen, die ihr künftiges Verhalten negativ beeinflussen können.

Hätte der Vorgesetzte den Einsatz und das Engagement des Mitarbeiters beobachtet und durch anerkennende Worte bekräftigt, würde dieser vom Vorgesetzten auch in anderen Situationen Anerkennung erwarten. In diesem Fall wäre dem Vorgesetzten bewusst geworden, dass der Mitarbeiter einen Großteil der Zeit mit frustrierenden Auseinandersetzungen um Ressourcen vergeudet hat, die letztlich für ihn negativ ausgegangen sind und entscheidend für die eher durchschnittliche Qualität der Ergebnisse waren. Durch die verhaltene Reaktion auf das Ergebnis hat der Vorgesetzte stattdessen die Anstrengungen sogar bestraft, künftig wird sich der Mitarbeiter nicht mehr so engagieren!

> Nicht die falschen Erwartungen bekräftigen: Auf Verhalten, nicht (nur) auf Folgen achten.

Schließlich kann aus den Überlegungen noch eine wesentliche Erkenntnis für die Motivation von Mitarbeitern gewonnen werden: Motivation ist bei weitem nicht so stabil, wie allgemein angenommen wird. Im Beispiel: Der Vorgesetzte hatte von dem ersten Projekt den Eindruck einer durchschnittlichen Leistung, bei dem neuen Angebot zögert der Mitarbeiter und wirkt lustlos. Diese Beobachtungen führen schnell zur Verallgemeinerung: „Der Mitarbeiter *ist* nicht motiviert!" Mangelnde Motivation wird zum Merkmal der Persönlichkeit erklärt und in der Folge bekommt der Mitarbeiter kaum noch eine Chance, das Gegenteil zu beweisen. Tatsächlich könnte aber der Vorgesetzte selbst durch eine konsequentere Politik der Anerkennung und Kritik des Verhaltens die Erwartungen des Mitarbeiters stark beeinflussen und dieser würde künftig sehr viel größeres Engagement zeigen.

> Motivation ist kein stabiler Zustand, sondern ein Prozess, der sich vor allem über die Steuerung der Erwartungen beeinflussen lässt.

Im Mitarbeitergespräch können Vorgesetzte herausfinden, wie die Mitarbeiter ihre Arbeitssituation erleben, welche Wünsche und Erwartungen sie hegen und wie sie den Zusammenhang ihrer Handlungen mit möglichen Konsequenzen – die Instrumentalitäten – wahrnehmen.

4.2 Anwendungen im Mitarbeitergespräch

Mitarbeitergespräche bilden die Grundlage der Motivation von Mitarbeitern. Im Gespräch sollten Vorgesetzte versuchen herauszufinden, was den Mitarbeitern wichtig ist, welche Erwartungen sie haben und welche Zusammenhänge zu hoch bewerteten Folgen sie wahrnehmen (von Rosenstiel, 1988; Nerdinger, 1995). Den Ablauf der Fragen, die dabei zu stellen sind, zeigt schematisch und auf das Wesentliche verkürzt Abbildung 11.

Zunächst muss man herausfinden, ob ein Mitarbeiter glaubt, dass die gewünschten Arbeitsergebnisse auch ohne sein Zutun eintreten werden. Diese Frage stellen Vorgesetzte eher selten, vermutlich, weil gerade Führungs-

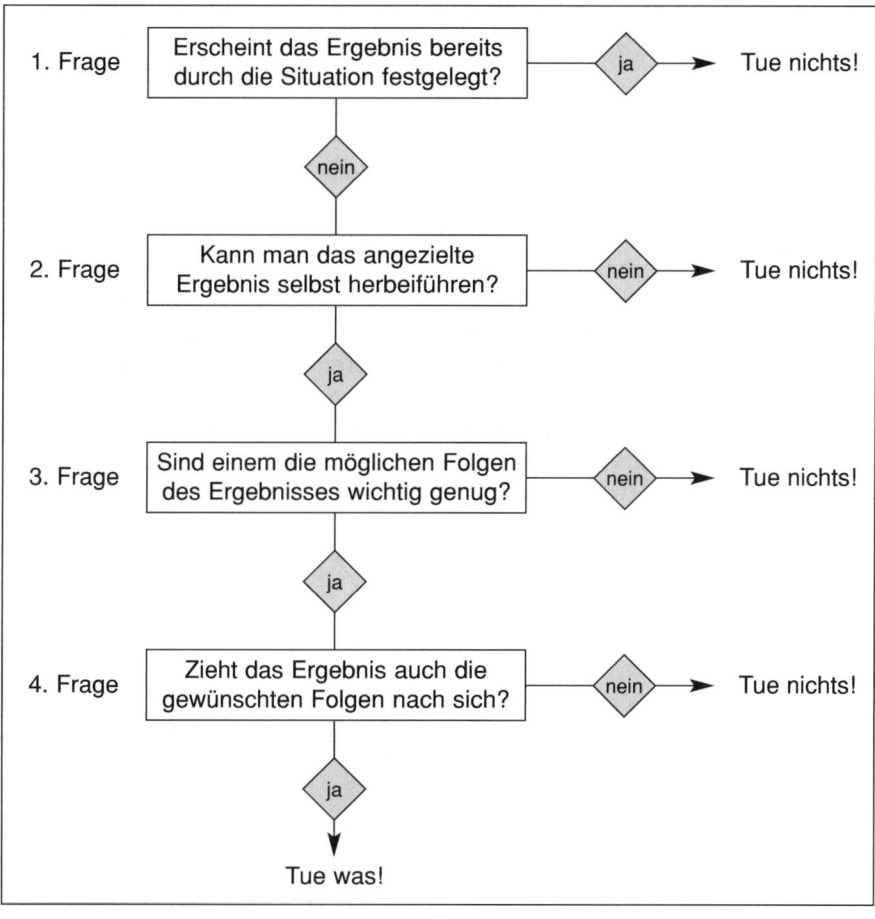

Abbildung 11:
Frageschema zur Erfassung der Grundlagen von Entscheidungen
(nach Heckhausen, 1989, S. 471)

kräfte eine solche Deutung der Situation nur schwer nachvollziehen können. Wenn aber Vorgesetzte zum Beispiel über „mangelnde Initiative" ihrer Mitarbeiter klagen, ist diese Frage besonders wichtig. Im Verlauf des Gesprächs kann sich zum Beispiel herausstellen, dass in einer Abteilung die Erfahrung verbreitet ist, „sich ganz ruhig verhalten" sei die geeignete Reaktion auf die Zumutung individueller Initiativen.

Die Mitarbeiter haben also die Erfahrung gemacht, dass sich die Situation gewöhnlich von selbst bereinigt. Diese Strategie des „Aussitzens" ist sehr viel weiter verbreitet, als allgemein angenommen wird (vgl. Anderson, 2003). Letztlich wird sie dadurch verstärkt, dass sie allzu oft erfolgreich ist. Hier gilt es, die Ursprünge solcher Überzeugungen im Gespräch zu eruieren und – sofern sie ungerechtfertigt sind – entweder durch Gegenbeispiele eine andere Sicht der betrieblichen Abläufe zu etablieren oder aber durch eigenes Handeln die Mitarbeiter vom Gegenteil zu überzeugen.

Die zweite Frage, die in diesen Gesprächen zu klären ist, zielt darauf, ob ein Mitarbeiter die *Erwartung* hat, dass er die gewünschten Arbeitsergebnisse selbst herbeiführen kann. Fragen nach der Erwartung sind besonders wichtig, denn in der Praxis wird bei schwachen Leistungen allzu schnell auf mangelnde Motivation geschlossen (Semmer, 1995). Die Neigung, die Ursachen eines Verhaltensergebnisses den Handelnden zuzuschreiben, lässt sich durch die Frage nach den Erwartungen kontrollieren. Die Erwartung kann durch die Wahrnehmung der Situation – am Arbeitsplatz, im Unternehmen, am Markt – oder durch die Selbsteinschätzung des Mitarbeiters beeinflusst werden. Sieht der Mitarbeiter Probleme in der Situation, zum Beispiel in organisatorischen Schwierigkeiten oder mangelnder Unterstützung, so muss genau geklärt werden, wie diese Deutung zustande kommt: Kann der Mitarbeiter konkrete Beispiele für seine Sicht nennen, schätzt er die Situation realistisch ein? Wichtig ist vor allem zu klären, was der Mitarbeiter unternehmen kann, um solche Probleme zu lösen, und wie ihn der Vorgesetzte dabei unterstützen soll.

Hat der Mitarbeiter dagegen Zweifel an seinen Fähigkeiten bzw. ist seine geringe Erfolgszuversicht auf mangelndes Selbstvertrauen zurückzuführen, sollte der Vorgesetzte versuchen, das notwendige Selbstvertrauen systematisch aufzubauen. Das ist natürlich ein längerfristiger Prozess, wobei folgendes zu beachten ist:

Aufbau von Selbstvertrauen

– Erste Verhaltensschritte in die erwünschte Richtung ausdrücklich anerkennen;
– bei Fehlern konstruktive Kritik üben, das heißt aufzeigen, was daraus zu lernen ist und wie sich solche Fehler künftig vermeiden lassen;

- durch gezielte Qualifizierungsmaßnahmen notwendige Fähigkeiten aufbauen;
- Gelegenheiten einräumen, bei denen sich die neu erworbenen Fähigkeiten erfolgreich anwenden lassen;
- die Arbeitssituation so gestalten, dass erwünschtes Verhalten gefördert wird.

Die dritte Frage zielt auf die *Werte* möglicher Folgen von Handlungsergebnissen. Diese lassen sich nur durch intensive Gespräche und Verhaltensbeobachtungen ermitteln. Entscheidend ist, ob die von der Firma gebotenen Belohnungen für erwünschtes Leistungsverhalten von den Mitarbeitern auch hoch bewertet werden, und wenn nicht, ob sich alternativ solche Belohnungen anbieten lassen, die sie hoch schätzen. Das ist ein besonderes Problem, da in vielen Unternehmen eine sehr schematische Anreizpolitik betrieben wird – im Zweifel werden immer Geldprämien geboten. Letztlich ist eine solche Politik auf das eher schlichte Menschenbild vom Mitarbeiter, der nur sein Einkommen maximieren will, zurückzuführen (Frey & Osterloh, 2000). Eine Vielzahl intrinsischer, in der Tätigkeit selbst liegender Anreize wurde dagegen im zweiten Kapitel präsentiert.

Die letzte Frage zielt auf die wahrgenommenen *Instrumentalitäten*. Wenn ein Mitarbeiter keinen Zusammenhang zwischen seiner Leistung und hoch bewerteten Anreizen sieht, muss der Vorgesetzte herausfinden, worauf diese Deutung der betrieblichen Situation zurückzuführen ist. Kann der Mitarbeiter für seine Sicht gute Belege anführen, sollte der Vorgesetzte versuchen, die Praxis im Unternehmen dahingehend zu verändern, dass individuelle Leistung stärkeres Gewicht bekommt. Innerhalb seines Kompetenzrahmens kann er bei der Mitarbeiterbeurteilung, durch informelle Anerkennung und vor allem durch den aktiven Einsatz für die berufliche Entwicklung des Mitarbeiters – als Belohnung für kontinuierlich gezeigte gute Leistungen – dazu beitragen, dass in seinem Einflussbereich eine instrumentelle Beziehung zwischen guten Leistungen und hoch bewerteten Anreizen wahrgenommen wird.

Das Gespräch ist der Königsweg zum Verständnis der Motivation, aber – wie bereits dargestellt – letzte Sicherheit gewinnt man damit nicht. Hinter den Antworten, die ein Mitarbeiter auf die angedeuteten Fragen gibt, können sich auch andere Motive verbergen. Manchmal sehen Mitarbeiter auch Konsequenzen, die sie weder sich noch anderen eingestehen mögen, da sie nicht zu ihrem Selbstbild des tüchtigen Mitarbeiters passen.

Wohl die meisten Vorgesetzten kennen zum Beispiel bestimmte Reaktionen der Mitarbeiter auf technische Neuerungen in der Arbeit (vgl. Semmer, 1995). Allenthalben ist zu hören, dass die neue Software abgelehnt wird, weil sie angeblich „mehr Arbeit macht, als sie hilft". Dahinter verbirgt sich nicht selten die Angst vor Versagen und der damit verbundenen

Blamage. Solche befürchteten Konsequenzen spricht niemand gerne an, Vorgesetzte müssen aber damit rechnen, dass sie gelegentlich der wahre Antrieb ihrer Mitarbeiter sind. Nicht selten werden aus Angst vor der Blamage Fehler vertuscht, stellen Mitarbeiter keine Fragen, um nicht als dumm zu erscheinen oder holen sich keine Unterstützung beim Vorgesetzten, um nicht den Eindruck zu erwecken, sie wären unfähig zu selbständiger Arbeit. Mit solchen Ängsten müssen Vorgesetzte rechnen, und entsprechend feinfühlig damit umgehen. Auch hier können die Empfehlungen zum Aufbau von Selbstvertrauen hilfreich sein.

5 Vor der Handlung: Ziele setzen

Die Entscheidung für eine Handlungsalternative führt zu einer Bereitschaft, diese zu realisieren – im Betrieb äußert sich das als Leistungsbereitschaft. Bildlich gesprochen wird dabei die für das Handeln notwendige Energie bereitgestellt. Im Unternehmen kommt es darauf an, wie die Leistungsbereitschaft in Leistungen umgesetzt wird. Im Beispiel aus dem vorhergehenden Kapitel bedeutet das: Erklärt sich der Mitarbeiter bereit, das Projekt durchzuführen, wird er aufgrund seiner soeben analysierten Motivation die notwendigen Energien für die Aufgabenerfüllung bereitstellen. Damit diese Energien in Bahnen gelenkt werden, die im Sinne des Unternehmens und des Vorgesetzten liegen, müssen sie auf wichtige betriebliche Ziele ausgerichtet werden.

Ein *Ziel* ist ein in der Zukunft liegender, eindeutig beschriebener und angestrebter Zustand (Nerdinger, 2000). Anders formuliert:

> Ziele sind vorgestellte, erwünschte und/oder geforderte Ergebnisse der Arbeit.

Ziele lassen sich als Soll-Größen verstehen, die mit dem Ist-Zustand – der aktuellen Situation – verglichen werden. Führt dieser Vergleich zu Unterschieden, wird der Ist-Zustand solange bearbeitet, bis er dem Soll-Zustand entspricht. Entscheidend ist dabei die Frage: Wie müssen Ziele formuliert werden, damit sie zu optimalen Leistungen führen (Kleinbeck, 1996; Wegge, 1998)?

5.1 Prozesse der Zielsetzung

Der Zusammenhang zwischen Zielen und der Leistung lässt sich in zwei Sätze fassen (Locke & Latham, 1990; 2002; Kleinbeck & Schmidt, 1996):

> 1. Schwierige, herausfordernde Ziele führen zu besseren Leistungen als mittlere oder leicht zu erreichende Ziele.

> 2. Herausfordernde *und* präzise, spezifische Ziele führen zu besseren Leistungen als allgemeine, vage Ziele (im Sinne eines „geben Sie Ihr Bestes").

Die *Schwierigkeit* von Zielen ist abhängig von den Personen, die selbe Zielsetzung kann der eine Mitarbeiter leicht, ein anderer dagegen nur sehr schwer erreichen. „Schwierigkeit" meint also, die Ziele sollen in einem realistischen Maße über den bislang in vergleichbaren Aufgaben gezeigten Leistungen liegen. Nur dann werden sie als herausfordernd erlebt und führen zu Willensanstrengungen, um das Ziel zu erreichen.

Das sei an einem einfachen Beispiel verdeutlicht (Latham & Baldes, 1975). Die Lastkraftwagenfahrer eines Holzunternehmens sollten dazu gebracht werden, ihre LKWs möglichst mit dem höchsten zulässigen Gewicht zu beladen. Bislang hatten die Fahrer die Kapazität ihrer LKWs lediglich zu rund 60 % ausgelastet. Als Arbeitsziel wurde die Beladung von durchschnittlich 94 % des zulässigen Ladegewichts festgelegt und jedem Mitarbeiter das entsprechende Ziel vorgegeben. Innerhalb von drei Monaten erreichten die Fahrer eine durchschnittliche Auslastung ihrer LKWs von ca. 90 % und hielten dieses Leistungsniveau langfristig bei. Bei Nachfragen zeigte sich, dass die Zielvorgabe den Fahrern zum erstenmal verdeutlicht hat, was von ihnen erwartet wird. Als Folge richteten sie ihre Aufmerksamkeit auf die optimale Beladung ihrer LKWs und bemühten sich mehr, das Ziel zu erreichen. Im Laufe der Zeit haben sie gelernt, ihren LKW optimal zu beladen und konnten dadurch die Zielvorgabe relativ leicht erreichen.

Spezifische und herausfordernde Ziele führen zu höherer Leistung als vage formulierte. Ziele können sehr unterschiedlich formuliert sein, von sehr vage („Erledigen Sie diese Aufgabe") bis sehr spezifisch („Verkaufen Sie bis Ende der Woche drei Gebrauchtwagen im Wert von mindestens 30.000 Euro"). Vage Zielsetzungen der Art „Geben Sie ihr Bestes!" stimmen aus Sicht der Mitarbeiter mit vielen verschiedenen Ergebnissen überein, auch solchen, die unter ihren Möglichkeiten bleiben. Bei vagen Zielvorgaben kann nahezu jedes Ergebnis positiv bewertet werden, spezifische Ziele dagegen machen eindeutig klar, was eine effektive Leistung darstellt.

Herausfordernde und spezifische Ziele führen also zu hohen Leistungen. Damit diese positiven Wirkungen eintreten, müssen allerdings einige Bedingungen beachtet werden:

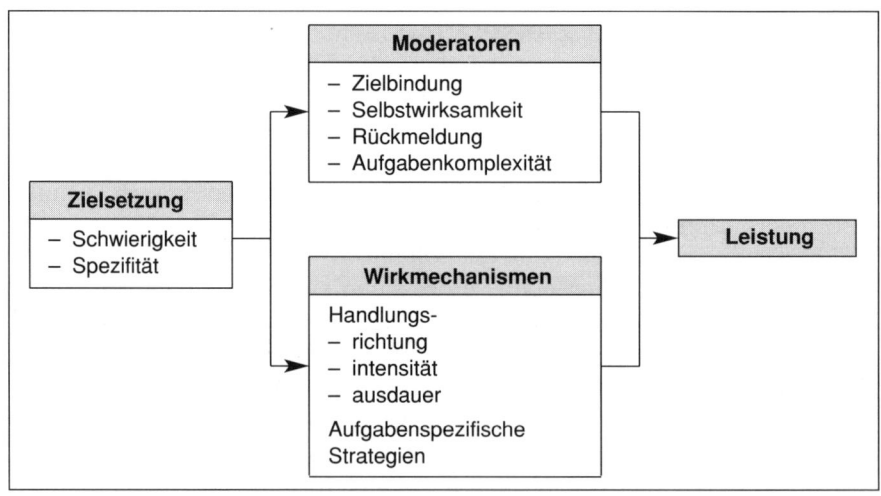

Abbildung 12:
Ziele und die Bedingungen ihrer Wirksamkeit (nach Locke & Latham, 1990)

46

Damit Ziele wirksam werden, sind die sogenannten Moderatoren zu beachten. Moderatoren entscheiden, wie eng der Zusammenhang zwischen zwei Größen ist. Im vorliegenden Fall entscheiden sie also darüber, wie eng der Zusammenhang zwischen schwierigen, spezifischen Zielen und der Leistung der Mitarbeiter ist. Die wichtigsten Moderatoren der Beziehung zwischen Zielen und Leistung sind Zielbindung, Selbstwirksamkeit, Rückmeldung und die Komplexität der Aufgabe.

5.1.1 Zielbindung

Mit dem Begriff „Zielbindung" wird das Commitment, das Gefühl der Verpflichtung gegenüber einem Ziel beschrieben: Je stärker sich Mitarbeiter an ihre Ziele gebunden fühlen, desto enger ist der Zusammenhang zur Leistung. Für die Praxis ist die Frage entscheidend, wie Zielbindung entsteht. Dabei sind verschiedene Einflüsse zu beachten.

* *Mitwirkung*

Wenn Mitarbeiter über die Ziele mitentscheiden können, fühlen sie sich stärker an die Ziele gebunden. Das wird gewöhnlich durch *Zielvereinbarungen* erreicht, bei denen im Gespräch die Vorstellungen des Vorgesetzten und des Mitarbeiters abgeglichen werden. Zielvereinbarungen bewirken im Vergleich zu reinen Zielvorgaben eine stärkere Bindung an das Ziel. Allerdings findet sich kein Unterschied zu sogenannten „tell and sell" Zielen. Bei „tell and sell" Zielen werden die Ziele vorgegeben und lediglich erläutert, warum es wichtig ist, dieses Ziel zu erreichen (Latham, Erez & Locke, 1988).

Warum „tell and sell"-Ziele genauso wirksam sind wie Zielvereinbarungen, kann verschiedene Ursachen haben. Am Beispiel der Ziele eines Autoverkäufers lässt sich das verdeutlichen (Nerdinger, 2001a). Wird diesem lediglich gesagt, er müsse im nächsten Monat zehn Autos verkaufen („tell goal"), wirkt die Zielsetzung wie ein Befehl und der Verkäufer kann nicht erkennen, warum es wichtig sein sollte, das Ziel zu erreichen. Dadurch wird die Bindung an das Ziel eher verhindert. Erklärt ihm dagegen der Vorgesetzte, er muss zehn Autos verkaufen, weil sonst die Niederlassung in Schwierigkeiten kommt oder weil er damit einen wichtigen Beitrag für den Erfolg des Unternehmens leistet, das unter enormem Konkurrenzdruck steht („tell and sell"), so kann der Verkäufer die Wichtigkeit des Ziels besser nachvollziehen. Unter dieser Bedingung wird er das Ziel akzeptieren, da ihm der übergeordnete Zusammenhang seiner Ziele deutlich wird. Das bedeutet:

> Sind die Erklärungen für vorgegebene Ziele glaubhaft, haben sie die gleiche Wirkung wie Zielvereinbarungen!

- *Autorität*

Werden Vorgesetzte als Autorität anerkannt, fördert das die Bindung an das Ziel. Aus praktischen Erfahrungen ist in dieser Frage allerdings eine Einschränkung zu beachten: Der Mitarbeiter muss auch Vertrauen zum Vorgesetzten bzw. dem Unternehmen haben, damit er sich allein aufgrund der Autorität des Vorgesetzten an das Ziel gebunden fühlt. In Unternehmen, in denen bereits enormer Leistungsdruck herrscht, können sich relativ leicht Widerstände gegen regelmäßige Steigerungen der Arbeitsziele aufbauen – vor allem, wenn diese nicht auch angemessen belohnt werden. Außerdem berichten Mitarbeiter nach Zielvereinbarungsgesprächen gelegentlich von Ängsten, der Vorgesetzter könnte durch Zielsetzungen versuchen, ihre Leistungsschwächen herauszufinden, um ihnen dann bei anstehenden Stellenkürzungen zu kündigen (Nerdinger, 2000).

- *Öffentliche Zustimmung*

Öffentliche Zustimmung zu Zielen führt zu intensiverer Bindung als private Zustimmung: Öffentlichkeit erhöht das Gefühl der Verpflichtung, da in diesem Fall eine oder mehrere Personen über das vereinbarte Ziel Bescheid wissen und daher in gewisser Weise die Vertrauenswürdigkeit der Person auf dem Spiel steht: Wer sich öffentlich auf ein Ziel festlegt, wird allein aufgrund des drohenden Gesichtsverlustes alles daran setzen, das Ziel auch zu erreichen (Cialdini, 2002).

5.1.2 Selbstwirksamkeit

Einen weiteren wichtigen Moderator bildet die *Selbstwirksamkeit*. Damit wird das aufgabenspezifische Selbstvertrauen bezeichnet (Bandura, 1997). Wer sich zutraut, eine bestimmte Aufgabe erfolgreich zu bewältigen, der erlebt sich als selbstwirksam. Diese Form des Selbstvertrauens ist in allen Phasen des Motivationsprozesses wichtig: Es beeinflusst die Wahl in Entscheidungssituationen, die Ansprüche an die eigene Leistung, den erlebten Stress bei der Aufgabenerfüllung und die Anfälligkeit für Selbstanklagen als Folge des Scheiterns in Leistungsaufgaben. In der Phase der Zielsetzung wirkt Selbstwirksamkeit positiv auf die Zielbindung und das Leistungshandeln. Wer sich als selbstwirksam erlebt, fühlt sich auch eher an herausfordernde Ziele gebunden. Außerdem wirkt Selbstwirksamkeit direkt auf die Leistung: In Leistungsaufgaben wird mehr Energie investiert und die Ausdauer angesichts von Schwierigkeiten und Rückschlägen bei der Zielverfolgung ist größer (Stajkovic & Luthans, 1998).

Da Selbstwirksamkeit eine so wichtige Bedingung des Erfolgs ist, muss hier eine Warnung erfolgen: Selbstwirksamkeit darf nicht mit einem künstlich erzeugten, grenzenlosen Selbstvertrauen verwechselt werden. In den letzten Jahren erfreuen sich sogenannte Motivations- und Persönlichkeitstrainings immer größerer Beliebtheit (Leidenfrost, Götz & Hellmeister, 1999), die genau darauf abzielen. Bei diesen Veranstaltungen wird unter anderem durch die Vermittlung von Grenzerfahrungen (Feuerlaufen etc.) versucht, die Teilnehmer zu euphorisieren und ein buchstäblich „grenzenloses" Selbstvertrauen aufzubauen. Das darf nicht mit Selbstwirksamkeit verwechselt werden.

Selbstwirksamkeit ist ein *aufgabenspezifisches* Selbstvertrauen, das auf einer *realistischen* Einschätzung des eigenen Könnens beruht. Esoterische Übungen und Trainings vermitteln aber keine realistische Weltsicht, sie ermöglichen keine Erfahrungen über die Wirksamkeit bei der Bewältigung beruflicher Aufgaben und führen – sofern sie überhaupt etwas bewirken – zu unrealistisch-übersteigertem Selbstvertrauen. Die Wirkungen der dadurch ausgelösten Selbstüberschätzung können sich vor allem auf das soziale Verhalten sehr negativ auswirken (Colvin, Funder & Block, 1995). Wer sich und seine Möglichkeiten stark überschätzt, ist
– wenig sensibel für soziale Hinweisreize,
– reagiert schneller feindselig gegenüber anderen Menschen,
– macht gern andere für eigenes Versagen verantwortlich,
– macht andere von sich abhängig und beutet deren Abhängigkeit aus,
– wird von anderen Menschen häufiger abgelehnt.
Vor allem in Tätigkeiten, die den direkten Kontakt mit den Kunden erfordern, sind solche Tendenzen sehr schädlich.

Das Gefühl der Selbstwirksamkeit entsteht dagegen nicht durch spektakuläre Manipulationen des Erlebens, sondern durch die realistische Einschätzung der eigenen Fähigkeiten und die Erfahrung der persönlichen Leistungsfähigkeit in beruflichen Aufgaben. Solche Erfahrungen zu vermitteln zählt zu den wichtigen Aufgaben von Führungskräften.

5.1.3 Rückmeldung

Rückmeldung verstärkt die Wirkung schwieriger und spezifischer Ziele auf die Leistung ganz erheblich (Kleinbeck & Schmidt, 1996; Neubert, 1998). Rückmeldung ist aber lediglich eine Form der Information, entscheidend ist, wie der Empfänger die Information interpretiert, bewertet und welche Folgerungen er daraus zieht (Kluger & DeNisi, 1996). Signalisiert die Rückmeldung, dass der Mitarbeiter gut auf dem Weg zum Ziel liegt, wird er gewöhnlich das Leistungsverhalten beibehalten. Verweist Rückmeldung dagegen auf ein Defizit bei der Zielerreichung, wird die Leistung nur unter folgenden Bedingungen gesteigert:
– der Empfänger ist unzufrieden mit dem Erreichten,
– er hat das Gefühl hoher Selbstwirksamkeit und
– nimmt sich fest vor, die bisherige Leistung zu steigern.

Positive Rückmeldung erhöht das Vertrauen in die eigene Fähigkeit und das Gefühl der Selbstwirksamkeit, muss aber nicht notwendig zu Leistungssteigerungen führen. Vielmehr signalisiert die Information, dass die Leistung in Ordnung ist und bietet daher wenig Anreiz, sich mehr anzustrengen. Negatives Feedback kann dagegen leicht zu unangenehmen Gefühlen führen, wenn es nicht in einer Form vorgebracht wird, die allein den sachlichen Gehalt der Information betont. Außerdem wird negative Rückmeldung vom Empfänger leichter abgewertet, wenn der Vorgesetzte nicht glaubwürdig ist.

5.1.4 Komplexität der Arbeitsaufgabe

Komplexe Aufgaben sind durch eine Vielzahl von Handlungsschritten und Informationen gekennzeichnet, die man untereinander koordinieren muss und die sich im Zeitablauf ändern können. Auch bei solchen Aufgaben können Ziele zu besseren Leistungen führen, allerdings nicht mit der gleichen Sicherheit wie bei einfachen Aufgaben (Wegge, 1998). Um komplexe Aufgaben zu bewältigen, müssen Mitarbeiter ausgefeilte Pläne und Strategien des Vorgehens entwickeln. Während bei einfachen Aufgaben häufig die bloße Willensanstrengung zur Leistung führt, ist die Leistung bei komplexen Aufgaben in hohem Maße von der Qualität der entwickelten Pläne und Strategien abhängig. Hier können sich sehr präzise und herausfordernde Ziele sogar negativ auswirken: Allzu präzise Ziele behindern die Möglichkeit, geeignete Wege zum Ziel selbst zu entdecken – sie verhindern also Lerneffekte. Sehr herausfordernde Ziele setzen den Mitarbeiter womöglich so unter Druck, dass er nicht mehr in der Lage ist, geeignete Pläne und Strategien zu entwickeln.

5.1.5 Wie wirken Ziele?

Neben den Moderatoren ist auch die Frage zu beachten, wie Ziele wirken. Herausfordernde, spezifische Ziele wirken unmittelbar auf die Richtung, die Anstrengung und die Ausdauer des Handelns, mittelbar wirken sie darauf, indem sie Pläne und Strategien zur Bewältigung der Aufgabe anregen.

Ziele beeinflussen die *Richtung des Handelns*, indem sie die Aufmerksamkeit steuern: Mitarbeiter mit spezifischen Zielen suchen Informationen, die für die Zielerreichung wichtig und hilfreich sind. Informationen, die in keinem unmittelbaren Zusammenhang zu den Zielen stehen, beachten sie dagegen nicht. Wer zum Beispiel das Ziel hat, bis Ende des Monats einen Bericht fertig zu stellen, der wird seine ganze Aufmerksamkeit darauf richten. Es werden eindeutige Prioritäten gesetzt. Alle Aufgaben, die ihn von der Fertigstellung des Berichts abhalten, werden beiseite gelegt und man konzentriert sich ganz auf die Aufgabe. Unter allen Informationen stechen gerade diejenigen ins Auge, die für das Ziel wichtig sind, alle anderen werden ausgeblendet.

In der Praxis kann diese Wirkung von Zielen auch zu Problemen führen: Setzt man zum Beispiel Verkäufern allein umsatzbezogene Ziele, besteht die Gefahr, dass sie andere Aufgaben – wie die längerfristige Kundenbindung – vernachlässigen (Nerdinger, 2001a). In diesem Fall muss daher die Aufmerksamkeit durch mehrere Ziele auf alle wichtigen Aufgaben gelenkt werden.

Die *Anstrengung beim Handeln* wird automatisch an die Schwierigkeit der Aufgaben angepasst. Liegt das Ziel in einem realistischen Maß über dem bislang gezeigten Leistungsniveau, werden unwillkürlich mehr Energien mobilisiert, um das Ziel zu erreichen. Im gewählten Beispiel kann der Mitarbeiter leicht abschätzen, wie viel Zeit und Kraft die Fertigstellung des Berichts erfordert. Das Ziel sorgt dafür, dass er die zusätzliche Energie aufbringt. Das gilt allerdings nur, wenn sich der Mitarbeiter an das Ziel gebunden fühlt.

Herausfordernde und spezifische Ziele können auch die *Ausdauer des Handelns* erhöhen. Mit einem Ziel vor Augen werden Hindernisse leichter überwunden – wenn der Mitarbeiter für die Fertigstellung seines Berichts zum Beispiel noch wichtige Daten benötigt, wird er alles daran setzen, sie zu erhalten. Geht ihm die Arbeit gerade „gut von der Hand", wird er auch bis in die Abendstunden hinein weitermachen, ohne dies als Belastung zu empfinden.

Sind die Ziele zeitlich begrenzt, wird schneller oder härter gearbeitet, um sie zu erreichen. In diesem Fall verrechnen Mitarbeiter ihre Anstrengung mit der Arbeitsdauer, um die eigene Leistungsfähigkeit zu erhalten. Das wird besonders deutlich beim sogenannten Menge-Güte-Austausch (Kleinbeck & Schmidt, 1996): Werden allein quantitative Ziele gesetzt, besteht die Gefahr, dass diese Ziele auf Kosten der Qualität der Leistungen verfolgt werden.

Schließlich wirken Ziele vermittelt durch aufgabenbezogene *Pläne und Strategien* auf die Leistung ein. Hierbei lassen sich bekannte und bereits erprobte Pläne von neu entwickelten unterscheiden (Nerdinger, 1995). Für die Lösung wenig komplexer Aufgaben liegen häufig bereits gelernte Pläne und erprobte Vorgehensweisen vor. Werden herausfordernde Ziele gesetzt, so greifen Mitarbeiter sofort auf diese Pläne zurück, die schneller zum Erfolg führen. Bei komplexeren Aufgaben müssen dagegen erst neue Strategien und Vorgehensweisen entwickelt werden, zum Beispiel in dem man zunächst die Problemlage genau analysiert oder kreative Problemlösetechniken einsetzt. Der damit verbundene Zeitaufwand erklärt, warum in solchen Fällen kein so enger Zusammenhang zwischen herausfordernden Zielen und der Leistung besteht.

Letztlich geben Ziele Sicherheit: Nach einem richtig geführten Zielvereinbarungsgespräch weiß der Mitarbeiter genau, was der Vorgesetzte von ihm erwartet und woran er künftig gemessen wird. Das gibt seinem Handeln Orientierung und gleichzeitig gewinnt er Kontrolle: Der Mitarbeiter kann selbst entscheiden, ob eine Handlung zum Ziel führt oder nicht. Diese individuelle Kontrollmöglichkeit entlastet wiederum den Vorgesetzten. Seine Aufgabe ist es, das Erreichen der Ziele zu kontrollieren.

5.2 Vorgehen im Zielvereinbarungsgespräch

Motivation durch Ziele wird gewöhnlich im Rahmen von Zielvereinbarungsgesprächen erfolgen (Nerdinger, 2000). Dabei sind einige Punkte zu beachten.

5.2.1 Welche Arten von Zielen gibt es?

In der beruflichen Zusammenarbeit finden sich im wesentlichen drei Arten von Zielen: Standardziele, Innovationsziele und persönliche Entwicklungsziele.

– *Standardziele* leiten sich unmittelbar aus der Aufgabe ab und sorgen dafür, dass die alltäglichen Arbeitsaufgaben optimal erfüllt werden. Zum Beispiel muss ein Mitarbeiter im Außendienst bestimmte Umsatzziele erreichen und in der Beratung und Betreuung der Kunden qualitative Standards einhalten – beides sind seine Standardziele. Standardziele im Bereich „Forschung und Entwicklung" beschreiben gewöhnlich die Ergebnisse der Forschungsarbeit, möglicherweise auch die Zusammenarbeit im Team und mit anderen Abteilungen des Unternehmens.

– Die raschen Änderungen auf den Märkten zwingen die Unternehmen zu ständiger Erneuerung, *Innovationsziele* werden damit immer wichtiger für das Überleben der Unternehmen (Nerdinger, 1997). Solche Ziele können sich auf die Entwicklung neuer Produkte beziehen, aber auch auf die Prozesse der Arbeit. Wenn sich zum Beispiel bei einer Versicherung die Klagen der Kunden über die langwierige Bearbeitung von Kostenerstattungen häufen, sollten Vorgesetzte Innovationsziele formulieren, damit die Anträge schneller abgewickelt werden. Besonders wichtig sind Innovationsziele in allen Bereichen, die auf die kreative Mitarbeit der Belegschaft ausgerichtet sind, zum Beispiel im Vorschlagswesen oder der Arbeit von Qualitätszirkeln.

– *Persönliche Entwicklungsziele* tragen dazu bei, die fachlichen oder sozialen Qualifikationen der Mitarbeiter zu verbessern. Sie dienen der Förderung der Mitarbeiterinnen und Mitarbeiter, damit sie ihre Aufgaben optimal erfüllen können. Persönliche Entwicklungsziele helfen also längerfristig bei der Realisierung von Standard- und Innovationszielen.

Arten von Zielen
– Standardziele sichern das Leben des Unternehmens – Innovationsziele sichern das Überleben des Unternehmens – Persönliche Entwicklungsziele helfen den Mitarbeitern, die Standard- und Innovationsziele zu erreichen

5.2.2 Welche Inhalte haben Ziele?

Standard, Innovation und persönliche Entwicklung geben die Richtung der Ziele an, aber welchen Inhalt haben sie (vgl. Berkel & Lochner, 2001)? In jeder Organisation sind vier inhaltliche Bereiche wichtig, für die Ziele mit den Mitarbeiterinnen und Mitarbeitern vereinbart werden:
- *Fachliche Ziele* beschreiben, was man gewöhnlich unter Arbeitszielen versteht: Die wichtigsten Aufgaben, die auf einer Position zu bewältigen sind, werden damit abgedeckt.
- *Kooperationsziele* beziehen sich auf alle Formen der Information, Kommunikation und der Koordination innerhalb und außerhalb des Unternehmens. Dazu zählen Absprachen und Vereinbarungen zwischen Abteilungen, Spielregeln der Zusammenarbeit, notwendige Informationen bei der Projektplanung, Repräsentation der Abteilung im Unternehmen bzw. des Unternehmens nach außen und vieles mehr.
- *Organisationsziele:* Entscheidungen und Abläufe, die den eigenen Arbeitsbereich übersteigen, bilden den Gegenstand von Organisationszielen – an Projekten mit abteilungsübergreifenden Themen teilnehmen und sie im Hause koordinieren, Verbesserungsvorschläge für die Struktur der Organisation entwickeln, fachliches Coaching von Kolleginnen und Kollegen aus anderen Bereichen usw.
- *Führungsziele:* Alle Führungsaufgaben – auch das Führen mit Zielen – werden damit abgedeckt, zum Beispiel neue Mitarbeiter rekrutieren, ausbilden und coachen, die Zufriedenheit im Team verbessern, Konflikte zwischen Mitarbeitern lösen, Arbeitsabläufe optimieren, „High Potentials" identifizieren und für das Unternehmen entwickeln – das Feld der Ziele ist hier extrem weit.

Inhalte von Zielen
– Fachliche Probleme – Kooperation – Organisation – Führung

Diese vier inhaltlichen Bereiche decken sich mit den Handlungsfeldern, die auch die Balanced Scorecard (Kaplan & Norton, 1997), das moderne Instrument der Unternehmensführung, im Visier hat:
- finanzwirtschaftliche Ziele (Organisationsziele)
- Markt- und Kundenziele (fachliche Ziele)
- Mitarbeiter- und Entwicklungsziele (Kooperationsziele)
- Prozess- und Verbesserungsziele (Führungsziele)

Nach der Balanced Scorecard bedeutet Führen, für diese Handlungsfelder ausgewogene (balancierte) Ziele formulieren und dafür Kennziffern und

Messgrößen festlegen. Dieses Instrument gilt heute als Schlüssel für eine zukunftsgerichtete Unternehmensentwicklung und wird entsprechend heftig in den Unternehmen diskutiert. Durch die inhaltliche Übereinstimmung zwischen den Zielen der Unternehmensführung und den Zielen der Mitarbeiter wird die Entwicklung des Unternehmens und des einzelnen Mitarbeiters aufeinander abgestimmt.

5.2.3 Wie sollen Ziele formuliert werden?

Ziele müssen sein:
– Herausfordernd – Konkret und genau – Präzisiert nach Quantität, Qualität und mit eindeutiger Zeitangabe – Widerspruchsfrei – Repräsentativ für das Aufgabengebiet – Von den Mitarbeitern kontrollierbar – Nicht zu detailliert – Mit dem Belohnungssystem übereinstimmend

• *Ziele müssen herausfordern*

Ein Mitarbeiter muss seine Ziele erreichen können, wenn er sich sehr anstrengt. Bemüht er sich nur durchschnittlich, wird er mit großer Wahrscheinlichkeit an einem herausfordernden Ziel scheitern. Das bedeutet, die Zielhöhe muss auf die einzelnen Mitarbeiter abgestimmt werden. Ein Ziel kann den einen Mitarbeiter hoffnungslos überfordern. In diesem Fall sieht der Mitarbeiter keinen Weg, wie er das Ziel erreichen soll und wird sich erst gar nicht anstrengen. Dasselbe Ziel mag aber seinem leistungsstarken Kollegen recht einfach erscheinen, er wird sich in der Folge weniger anstrengen, als er könnte.

Liegen Ziele in einem realistischen Maße über den bislang gezeigten Leistungen, werden sie als herausfordernd erlebt. Sie mobilisieren zusätzliche Energien und nachdem sie erreicht wurden, erlebt man Stolz, Freude und Zufriedenheit. Das wiederum erhöht die weitere Motivation. Allerdings ist hier der zeitliche Rahmen zu beachten: Wird diese Methode über Jahre hinweg angewandt, kann sie zu Frustrationen führen. Die Mitarbeiter verbessern ihre Leistung stark und werden daraufhin aufgefordert, die Leistung noch einmal stark zu verbessern. Daher ist zusätzlich auch ein Maßstab der Leistung unter allen Mitarbeitern zu beachten (Wright et al., 1995).

Herausfordernd ist ein Ziel, das – im Sinne einer Daumenregel – von 10 bis 20 % der Mitarbeiter erreicht werden kann.

Bei *neuen Aufgaben*, für die noch keine Erfahrungen vorliegen, ist es natürlich schwieriger, eine angemessene Zielhöhe zu finden. Hier sind zwei Vorgehensweisen hilfreich:

1. Den Zeitraum, der bis zum Ziel zurückzulegen ist, in Zwischenetappen gliedern, die sich gut abschätzen lassen. Für die Entwicklung eines Assessment Centers könnte das sein: Eine Anforderungsanalyse durchführen – deren Ergebnis erlaubt bereits eine Einschätzung der Leistungsfähigkeit des Mitarbeiters. Danach einzelne Aufgaben zur Simulation der Anforderungen entwickeln lassen …

2. Hilfsgrößen festlegen, um allmählich zu einer realistischen Zielschätzung zu kommen. Das Konzept für ein neues Assessment Centers kann auf verschiedenen Ebenen getestet werden: Einzelne Übungen mit Personen der Zielgruppe durchführen und die Ergebnisse evaluieren, kritische Fragen mit Arbeitnehmervertretern besprechen, das Konzept künftigen Beobachtern vorlegen, einen Probelauf arrangieren …

- *Ziele müssen konkret und genau sein*

„Streng' dich an" oder „Gib dein Bestes" sind keine Ziele, der Mitarbeiter weiß bei solchen Aussagen nicht, was er erreichen soll. Ziele müssen daher nach Quantität, Qualität und dem zeitlichen Rahmen präzisiert werden.

Quantität: Die Frage „wieviel soll erreicht werden?" zielt auf die Quantität. Gewöhnlich kann diese Frage mit Zahlen beantwortet werden und ist deshalb besonders präzise. Wenn möglich, sollten Ziele in Zahlen ausgedrückt werden, das darf aber niemals auf Kosten der Qualität gehen.

Qualität: „Wie gut soll die Arbeit verrichtet werden?" fragt nach der Qualität. Auch dafür lassen sich manchmal präzise Maße angeben, zum Beispiel Stornoquoten, Zahl der Beschwerden von Kunden, produzierter Ausschuss und ähnliche Größen. Damit wird aber Qualität nicht direkt gemessen, es werden lediglich Hinweise auf die Qualität erfasst. Die Stornoquote, zum Beispiel im Verkauf von Bankprodukten die Zahl der von den Kunden rückgängig gemachten Abschlüsse, ist ein Hinweis auf die Güte der Beratung. Eine gute Beratung hat aber weitere Folgen, die mit der Stornoquote nicht erfasst werden: Die Kunden sind zufrieden, sie erzählen Positives über das Unternehmen, sie werden das nächste Geschäft bei der selben Bank machen. Diese und weitere positive Wirkungen kann die reine Kennzahl nicht erfassen.

Qualitative Ziele lassen sich niemals so präzise wie quantitative Ziele formulieren. Darum muss sich der Vorgesetzte bemühen, das Verständnis des Gemeinten zu sichern. Dazu kann er den Zustand beschreiben, der nach Erreichen des Zieles eintritt: Bis Ende des Jahres Beherrschen der Tabellenkalkulation, oder: in sechs Monaten haben wir mit dem neuen Assessment Center die ersten Kandidaten geprüft. Eine andere Möglichkeit besteht darin, die einzelnen Schritte zu verdeutlichen, die zum Ergebnis führen: Eine „gute" Werbeanzeige hat eine kurze Headline, wenig Fließ-text und ein prägnantes Bild als „eye catcher".

Häufig kann Qualität aber nur am Verhalten des Mitarbeiters festgemacht werden, zum Beispiel seiner Freundlichkeit oder Höflichkeit gegenüber Kunden. In diesem Fall müssen Führungskräfte einem Mitarbeiter, der in ihrer Anwesenheit ein vereinbartes Verhalten in angemessener oder unan-gemessener Weise zeigt, möglichst sofort rückmelden, ob das Verhalten der Vereinbarung entspricht oder nicht. Dadurch versteht der Mitarbeiter am besten, welches Verhalten von ihm erwartet wird.

Zeitrahmen: Je klarer und überschaubarer Termine sind, desto besser. Wer „in nächster Zeit einmal" zum Geschäftsabschluss kommen soll, der wird es nie schaffen. Daher sollten Führungskräfte bei der Formulierung von Zielen immer fragen: „Bis wann soll das Ziel erreicht sein?"

Quantität, Qualität und Zeitrahmen müssen bei jeder Zielvereinbarung un-bedingt beachtet werden. Manchmal sind zudem die Kosten, der zulässige Aufwand und die Zusammenarbeit, zum Beispiel die Abstimmung inner-halb und zwischen Abteilungen, zu berücksichtigen.

• *Ziele müssen widerspruchsfrei sein*

Die meisten Mitarbeiter verfolgen bei ihrer Arbeit mehrere Ziele. Manche dieser Ziele können sich wechselseitig fördern, andere verhalten sich zuein-ander neutral. Schließlich gibt es Ziele, die sich wechselseitig behindern – sie stehen in Konflikt. Solche Konflikte treten häufiger zwischen quantitativen und qualitativen Zielen, vor allem zwischen Geschäfts- und Verhaltenszielen auf. Zum Beispiel werden im Verkauf immer quantitative Ziele, besonders Umsatzziele vereinbart (Nerdinger, 2001a). Gleichzeitig sollen aber die Kun-den bedarfsorientiert beraten werden mit dem Ziel, sie zufrieden zu stellen und langfristig an das Unternehmen zu binden. Beide Ziele können aber in Konflikt stehen. Hat ein Verkäufer sehr hohe Umsatzziele und merkt, dass er sie im vereinbarten Zeitraum nur schwer realisieren kann, könnte er in Versuchung geraten, den Umsatz auf Kosten der Kundeninteressen zu erhö-hen. Das widerspricht aber seinem zweiten Ziel, der Kundenbindung. Um solche Konflikte zu vermeiden, müssen Vorgesetzte festlegen, welches Ziel wichtiger ist! Vor allem wenn Gruppen Ziele gesetzt werden, hat es sich be-währt, dass die Mitarbeiter und Mitarbeiterinnen in Abstimmung mit den Führungskräften den Zielen Gewichtungsfaktoren zuordnen und damit die Bedeutung klären (Mitchell, Thompson & George-Falvy, 2000).

• *Ziele müssen repräsentativ für das Aufgabengebiet sein*

Die meisten Mitarbeiter müssen verschiedene Aufgaben bewältigen, be-sonders deutlich ist das bei Führungskräften. Neben ihren vielfältigen fach-lichen Zielen sollen sie vor allem auch für ein leistungsförderndes Betriebs-

56

klima, die Zufriedenheit ihrer Mitarbeiter und deren Identifikation mit dem Unternehmen sorgen. Bei derart unterschiedlichen Aufgaben besteht die Gefahr, dass lediglich Ziele zu ausgewählten Aufgaben formuliert und andere vernachlässigt werden. In solchen Fällen werden häufig jene Ziele, die sich leicht in Zahlen fassen lassen, besonders beachtet. Qualitative, auf Verhalten gerichtete Ziele werden dagegen leicht übersehen. In der Folge legen die Mitarbeiter ein besonderes Gewicht auf die Realisierung der Ziele, ihre anderen Aufgaben dagegen vernachlässigen sie. Um das zu vermeiden sollte man alle Aufgabengebiete entsprechend ihrer Bedeutung und ihrer zeitlichen Belastung bei der Zielvereinbarung berücksichtigen.

- *Die Mitarbeiter müssen das Feld, auf das sich die Ziele beziehen, kontrollieren können*

Zum Beispiel hat ein Pharmavertreter keinen direkten Einfluss darauf, ob die von ihm vertretenen Medikamente von den Ärzten verschrieben werden. Daher sollten in diesem Fall auch keine Absatz- oder Umsatzziele gesetzt werden. Er kann aber sehr wohl die Zahl der Arztbesuche, verkaufsfördernde Maßnahmen und anderes kontrollieren. Auf diese Felder sollten sich die Ziele beschränken (Mitchell et al., 2000).

- *Ziele dürfen nicht zu detailliert sein*

Diese Forderung widerspricht nur scheinbar der Forderung nach Repräsentativität. Sie richtet sich gegen die Neigung mancher Führungskräfte, möglichst detailliert den Weg zum Ziel festzulegen, das heißt also Zwischenziele zu bestimmen. Ein Oberziel, zum Beispiel: „Bis Ende des Monats Vorlage des Projektberichtes", kann in viele Zwischenziele zerlegt werden: „Bis morgen erstellen sie die Gliederung; bis übermorgen haben sie die notwendigen Ergebnisse zusammengestellt; dann …". Eine so detaillierte Festlegung aller Zwischenschritte beschränkt die Möglichkeit des Mitarbeiters, seinen eigenen Weg zu finden und dabei zu lernen. Gerade qualifizierte Mitarbeiter werden durch detaillierte Zwischenziele demotiviert und das Unternehmen verliert innovative Impulse. Lediglich bei neuen Mitarbeitern oder bei der Zuweisung neuer Aufgaben kann ein solches Aufbrechen der Ziele angemessen sein.

- *Ziele müssen mit dem Belohnungssystem übereinstimmen*

Das Belohnungssystem verdeutlicht, was der Organisation wichtig ist. Belohnt ein Unternehmen eine bestimmte Leistung beispielsweise durch eine Prämie, so bedeutet das aus Sicht der Mitarbeiter, dass diese Leistung für das Unternehmen besondere Bedeutung hat. Das Beispiel „Verkauf" ist auch in diesem Fall erhellend. Gewöhnlich werden erfüllte Umsatzziele mit Prämien belohnt. Dagegen wird die Zufriedenheit der Kunden mit der Beratung und ihre Loyalität zum Unternehmen zwar immer wieder gefordert, aber selten finanziell anerkannt. In solchen Fällen folgern Mitarbeiter, dass

Kundenzufriedenheit dem Unternehmen nicht sonderlich wichtig ist und konzentrieren sich allein auf den Umsatz – mit negativen Folgen für die Bindung der Kunden an das Unternehmen (Nerdinger, 2001a).

5.2.4 Zielbindung herstellen

Damit Ziele ihre leistungsfördernde Wirkungen entfalten können, sollten Führungskräfte dazu beitragen, dass sich die Mitarbeiter an die Ziele gebunden fühlen. Das gelingt am besten, wenn die Mitarbeiter an der Festlegung in Form einer Zielvereinbarung beteiligt werden. Es gilt also zunächst, die Vorstellungen des Mitarbeiters über die Ziele zu hören. Sofern hier Abweichungen zu den Vorstellungen des Vorgesetzten bestehen, muss er seine Sicht genau begründen. Glaubt der Mitarbeiter, ein Ziel sei „unmöglich zu erreichen", so sollte ein Vorgesetzter in der Lage sein, ihm detailliert Wege aufzuzeigen, wie das doch möglich ist. Ein bloßes „dann müssen Sie sich halt anstrengen!" macht den Vorgesetzten unglaubwürdig und verhindert Zielbindung.

Günstig für die Bindung an die Ziele ist auch öffentliche Zustimmung: Geben Mitarbeiter gegenüber dem Vorgesetzten ein Commitment ab im Sinne „ja, das werde ich versuchen", so fühlen sie sich auch verpflichtet, das Ziel zu erreichen. Vorgesetzte sollten daher am Ende der Zielvereinbarung den Mitarbeiter noch einmal selbst sagen lassen, welche Ziele er verfolgen wird. Gelegentlich kann die verpflichtende Wirkung der öffentlichen Aussage noch dadurch gesteigert werden, dass für die Zielerreichung eine materielle Belohnung in Aussicht gestellt wird. Das ist allerdings nur dann angebracht, wenn ein Mitarbeiter bereits häufiger seine Ziele erreicht hat und dafür bislang noch nicht materiell belohnt wurde.

5.2.5 Selbstwirksamkeit positiv beeinflussen

Weiter muss das Gefühl der Selbstwirksamkeit gestärkt werden. Mitarbeiter brauchen das Gefühl, dass sie befähigt sind, die Ziele zu erreichen und es für das Unternehmen wichtig ist, dass sie die Ziele erreichen. Dabei ist auf folgendes zu achten:

Selbstwirksamkeit aufbauen
Vorgesetzte müssen – auf ihre Autorität achten – sie müssen fachkompetent sein, über grundlegendes Methodenwissen verfügen und ihren Mitarbeitern gegenüber menschliche Qualitäten zeigen; – aufzeigen, wie sich der Mitarbeiter durch die Realisierung der Ziele persönlich bzw. beruflich weiter entwickeln kann; – verdeutlichen, dass die Mitarbeiter durch die Zielerreichung ihre Leistungsfähigkeit unter Beweis stellen;

- Unterstützung anbieten und Vertrauen in die Leistungsfähigkeit zeigen;
- überzeugende Begründungen für die Zielhöhe liefern;
- bei der Diskussion von Realisierungsmöglichkeiten zeigen, dass die Aufgabe der Mitarbeiter inhaltlich genau bekannt ist;
- als Vorbild für gewünschtes Verhalten dienen.

5.2.6 Komplexität der Aufgabe beachten

Wird dem Mitarbeiter eine sehr komplexe Aufgabe übertragen, zu deren Bewältigung er zunächst geeignete Pläne und Strategien entwickeln muss, sollte eine solche Aufgabe nicht sofort mit einer herausfordernden und präzisen Zielsetzung verknüpft werden. Vielmehr muss der Mitarbeiter zuerst die notwendigen Fähigkeiten und Fertigkeiten zum Beispiel im Rahmen eines Trainings entwickeln können.

5.2.7 Rückmeldung geben

Um hohe Leistung auf lange Sicht zu sichern, müssen die Mitarbeiterinnen und Mitarbeiter auch wissen, ob sie die Ziele erreicht haben bzw. wie sie auf dem Weg zum Ziel liegen (Farr, 1991). Rückmeldung ist von der Art der Aufgabe abhängig. Zum Beispiel weiß ein Handwerker, dass das reparaturbedürftige Auto wieder störungsfrei arbeitet oder der soeben vergeblich abgedichtete Wasserhahn immer noch tropft. Genauso weiß ein Autoverkäufer mit dem Ziel, dreißig Neuwagen bis zum Ende des Monats zu verkaufen, stets, wie er auf dem Weg zu diesem Ziel liegt. Viele Tätigkeiten bieten aber keine solchen Informationen, zum Beispiel Aufgaben in der Verwaltung oder der Personalabteilung. In diesem Fall muss der Vorgesetzte Rückmeldung über die erzielten Leistungen geben. Aber auch neue Mitarbeiter, die mit ihren Aufgaben noch nicht so vertraut sind, brauchen regelmäßige Rückmeldung. Das kann dann auch zum Ausgangspunkt eines gezielten Coaching durch die Führungskraft werden (Berkel & Lochner, 2001).

Durch Rückmeldungen können Führungskräfte das Verhalten der Mitarbeiter gezielt steuern. Das ist durchaus im Sinne der Mitarbeiter, die sich gewöhnlich mehr Rückmeldung über ihre Leistungen wünschen, als sie erhalten. Vor allem bei neuen und unerfahrenen Mitarbeitern kann mangelnde Rückmeldung dazu führen, dass sie selbst ihre Umwelt nach Anzeichen absuchen, ob sie ihre Arbeit richtig ausführen. Sie beobachten Mimik, Gestik oder scheinbar belanglose Worte des Vorgesetzten und schließen daraus auf den Erfolg ihres Verhalten. Solche Schlüsse sind aber häufig falsch, weil sich dem Verhalten des Vorgesetzten in der Regel keine eindeutigen Informationen entnehmen lassen. Daher sollten Vorgesetzte offen und nachdrücklich ihre Beobachtungen rückmelden. Dabei ist folgendes zu beachten:
- *Spezifisch* rückmelden: nicht allgemein im Sinne einer pauschalen Bewertung der Gesamtleistung, sondern auf konkrete Vorfälle bezogen;

- *Verhaltensbezogen* rückmelden: keine Aussagen über die Persönlichkeit des Mitarbeiters;
- *Konstruktiv* rückmelden: es müssen Wege aufgezeigt werden, wie der Mitarbeiter die Leistung verbessern kann. Rückmeldungen müssen Mitarbeitern verdeutlichen, dass sie schwache Leistungen verbessern können, wenn sie sich mehr anstrengen.

Mitarbeiter interpretieren Rückmeldungen unterschiedlich und daher unterscheiden sich auch ihre Reaktionen. Manche können leicht damit umgehen, andere sind schnell gekränkt. Vorgesetzte müssen daher die Reaktionen der Mitarbeiter auf Rückmeldungen genau beobachten und ihr weiteres Verhalten an den Beobachtungen ausrichten.

Schließlich sollten nicht nur Ergebnisse der Arbeit rückgemeldet werden, sondern auch die Wirksamkeit der einzelnen Handlungen auf dem Weg zum Ziel. Das ist vor allem wichtig, wenn die Mitarbeiter sehr komplexe Aufgaben bearbeiten.

Beobachtungen rückmelden
- Die Beobachtungen möglichst unmittelbar nach dem Verhalten zurück melden - Nur auf konkrete Vorfälle, Aufgaben oder Projekte eingehen, keine Schlussfolgerungen ziehen - Nur über Arbeitsverhalten oder Arbeitsergebnisse, nicht über die Persönlichkeit des Mitarbeiters sprechen - Berücksichtigen, dass möglicherweise der Beobachter selbst Ursache des unerwünschten Verhaltens ist - Eigenbeobachtungen und Beweggründe des Mitarbeiters erfragen (warum, wozu wurde etwas gemacht?) - Nach anderen Verhaltensmöglichkeiten fragen (wie hätte man es anders machen können?) - Konstruktiv rückmelden: Wenn der Mitarbeiter selbst keine anderen Möglichkeiten sieht, Hinweise geben, wie sich etwas besser machen lässt

In dieser Form tragen Rückmeldungen zur Qualifizierung der Mitarbeiter bei, fördern ihre Entwicklung und können zur Grundlage für gezieltes Coaching durch die Führungskraft werden.

6 Während dem Handeln: Sich selbst motivieren

In Zielvereinbarungsgesprächen werden gewöhnlich Ziele gesetzt, die relativ weit in die Zukunft weisen. Die Ziele umfassen den Zeitraum bis zum nächsten Zielvereinbarungsgespräch – wenn damit Mitarbeiterbeurteilungen verbunden sind, handelt es sich in der Regel um ein Jahr (Marcus & Schuler, 2001). Um Ziele über längere Zeit und die Anforderungen verschiedener Situationen hinweg zu verfolgen, muss man sich selbst motivieren können. Häufig wird das auch als Selbstregulation oder Selbstdisziplin bezeichnet.

6.1 Grundlegende Prozesse der Selbstmotivation

Werden Ziele über die Zeit und über verschiedene Situationen hinweg verfolgt, muss man Gedanken, Gefühle, die Aufmerksamkeit und das Verhalten beeinflussen. Solche Prozesse werden gewöhnlich ausgelöst, wenn
– Routinehandlungen behindert oder
– die Ziele auf andere Weise – zum Beispiel durch spezielle Herausforderungen – in das Bewusstsein gerückt werden (Kanfer, 1996).

Bei diesen Anlässen wird das Handeln nicht mehr unwillkürlich und unbewusst gesteuert, sondern bewusst und willentlich. Dabei können drei wesentliche psychologische Prozesse unterschieden werden: Selbstbeobachtung, Selbstbewertung und Selbstbelohnung bzw. -bestrafung (Bandura, 1991; Kanfer, 1996).

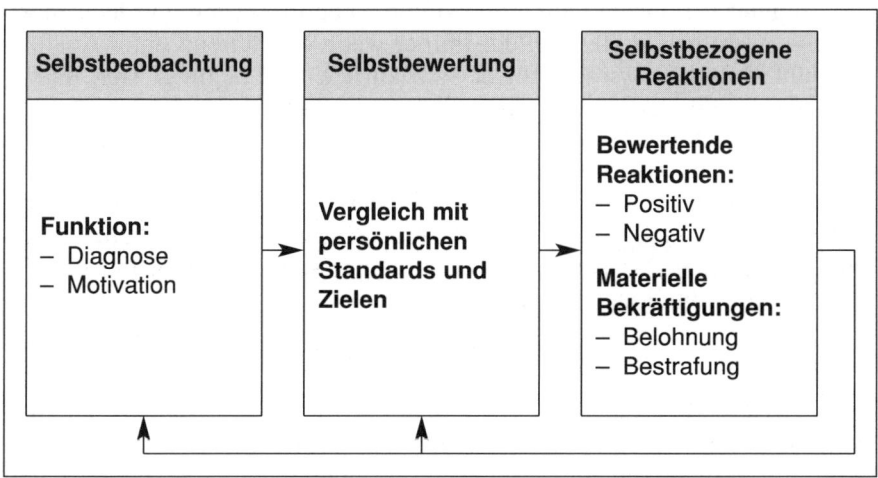

Abbildung 13:
Prozesse der Selbstmotivation (nach Bandura, 1991)

Bei der Selbstmotivation kann man drei Phasen unterscheiden. In der Beobachtungsphase wird das eigene Verhalten mit Bezug auf die Situation, in der man sich befindet, registriert. In der zweiten Phase werden die Beobachtungen mit einem Standard im Sinne eines Anspruchsniveaus oder eines Ziels verglichen. Das führt zur dritten Phase, in der auf die eigene Person bezogene Reaktionen erfolgen: Wurde der Standard erreicht oder übertroffen, so belohnt man sich selbst, wurde der Standard verfehlt, kommt es gelegentlich zu Bestrafungen.

6.1.1 Selbstbeobachtung

Erfolgreiche Selbstmotivation hängt davon ab, wie zuverlässig das eigene Handeln in bestimmten Situationen beobachtet wird (Bandura, 1991; Kanfer, 1996). Die Aufmerksamkeit muss auf einzelne Aspekte des Handelns gerichtet werden, unwichtige Aspekte werden ignoriert. Selbstbeobachtung erfüllt zwei wichtige Funktionen: Diagnose der Bedingungen des eigenen Verhaltens und Motivation zur Veränderung dieses Verhaltens.

- *Diagnose*

Durch systematische Selbstbeobachtung der Gedanken, der emotionalen Reaktionen, des Verhaltens sowie der konkreten Bedingungen, die solche Reaktionen auslösen, werden wichtige Informationen über die eigene Person gewonnen. Indem man sich bewusst macht, dass in bestimmten Situationen immer wieder ähnliche Gedanken, Gefühle und Handlungen auftreten, lassen sich die Aspekte der Umwelt identifizieren, die auf das eigene Verhalten wirken. Zum Beispiel hat ein Manager den Eindruck, dass die Sitzungen mit den Kolleginnen und Kollegen für ihn äußerst unbefriedigend verlaufen. Durch genaue Selbstbeobachtung würde er möglicherweise folgendes feststellen: Immer wenn er während einer Ausführung unterbrochen wird, zieht er sich zurück und begnügt sich damit, die Äußerungen der anderen in Gedanken zu „zerpflücken". Er erlebt in diesen Momenten heftigen Ärger, den er aber nicht offen gegenüber dem „rücksichtslosen Kollegen" aussprechen kann, sondern in seinen Gedanken auslebt. Eine solche Selbstdiagnose ist Voraussetzung, um das eigene Verhalten bzw. die Umwelt zu verändern. Mit dem durch Selbstbeobachtung gewonnenen Wissen kann der Manager sein Verhalten in den entsprechenden Situationen besser kontrollieren.

- *Motivation*

Die motivierende Funktion entsteht beim Leistungsverhalten aus der Neigung, sich bei genauer Beobachtung der eigenen Handlungen stetig schwierigere Ziele zu setzen. In dieser Neigung unterscheiden sich Menschen aber sehr stark: Wer sich in kritischen Situationen spontan schwierige

Ziele setzt, wird seine Leistung deutlich steigern. Wer sich keine Ziele für das weitere Vorgehen setzt, wird seine Anstrengung nicht erhöhen. Zum Beispiel beobachtet ein Verkäufer, wie er auf Versuche von Kunden, ihn im Preis zu drücken, reagiert (Nerdinger, 2001a). Ihm fällt auf, dass er in solchen Situationen durch das selbstbewusste Auftreten der Kunden leicht verunsichert wird, ihm keine Argumente für den Preis mehr einfallen und er schnell auf die Forderungen des Kunden eingeht. Er nimmt sich vor, beim nächsten Mal hart zu bleiben, indem er sich vorher noch einmal genau alle positiven Argumente, die für den Preis sprechen, verdeutlicht und mögliche Einwände in Gedanken widerlegt. Im nächsten Gespräch nimmt er diese Haltung ein und beobachtet, dass der Kunde beeindruckt wirkt. Dieser Erfolg beflügelt ihn und er setzt sich spontan das Ziel, noch einen Zusatzverkauf zu platzieren. Durch die genaue Beobachtung der Reaktionen des Kunden auf sein Verhalten hat er so viel Sicherheit gewonnen, dass ihm wahrscheinlich auch das gelingen wird.

In der Arbeit erfordert die Erfüllung der Ziele aber nicht nur Informationen durch Selbstbeobachtung, sondern zusätzlich auch Rückmeldungen aus der Arbeitsumgebung. Am Beispiel des Mitarbeiters der Personalabteilung mit dem Ziel, ein Assessment Center zur Auswahl von Führungskräften zu konstruieren: Ohne Rückmeldung von und Abstimmung mit den von der Aufgabe betroffenen Mitarbeitern des Unternehmens wird er dieses Ziel nicht erfolgreich realisieren. Rückmeldung darüber, ob er mit seinen Ideen und Entwürfen für das Assessment Center richtig liegt, kann er sich auf zwei Wegen einholen: Durch Überwachungsstrategien und direkte Erkundigung.

– *Überwachungsstrategien* nehmen Rückmeldungen passiv auf, ein typisches Beispiel bilden die „Rennlisten" von Außendienstmitarbeitern. Dabei handelt es sich um Listen, auf denen die Verkäufer anhand ihrer aktuellen Umsatzzahlen in eine Rangreihe gebracht werden (Nerdinger, 2001a). Durch einen Blick auf seinen Rangplatz kann jeder Verkäufer seine Leistung im Vergleich mit den Kollegen einstufen.
– *Direkte Erkundigung* dagegen erfordert die aktive Bitte um Rückmeldung – der Beispiel-Mitarbeiter aus der Personalabteilung kann mit dem ersten Konzept seines Assessment Centers zu Kollegen gehen, es ihnen detailliert erläutern und sie um ihre Meinung bitten. Nicht alle Menschen neigen zu solchen direkten Strategien, manche erleben sie als Bedrohung des Selbstwertgefühls. Länger berufstätige sowie leistungsschwächere Mitarbeiter erkundigen sich seltener direkt bei anderen über ihre Leistungen im Vergleich zu Neulingen und Leistungsstarken. Es sind also gerade diejenigen Mitarbeiter, die sehr von Rückmeldungen profitieren könnten, die sich seltener aktiv darum bemühen. In diesen Fällen müssen Vorgesetzte für die notwendige Rückmeldung sorgen.

6.1.2 Selbstbewertung

Für die Selbstmotivation besonders wichtig ist die *Bewertung* des Beobachteten. Bei der Bewertung werden die Beobachtungen mit persönlichen Standards oder selbst gesetzten Zielen verglichen. Persönliche Standards haben drei Informationsquellen:

- Die Beobachtung von Reaktionen, die *wichtige Bezugspersonen* auf ein Verhalten gezeigt haben. Vor allem soziale Standards entwickeln sich im Laufe der Interaktionen in der Familie und später in der Schule, wenn wichtige Bezugspersonen wie Eltern und Lehrer positiv oder negativ auf ein Verhalten reagieren. Solche sozialen Standards definieren, welches Verhalten gegenüber anderen Menschen angemessen ist.
- Die Beobachtung des *Verhaltens anderer in vergleichbaren Situationen*. Dadurch werden Standards erschlossen: Ordnet man neuen Mitarbeitern zur Einarbeitung einen erfahrenen Mitarbeiter als „Pate" zu (Nerdinger, 2000), können sie über die Beobachtung von dessen Verhalten Standards des für diesen Betrieb adäquaten Verhaltens erwerben. Zum Beispiel begleiten neue Mitarbeiter im Außendienst in der ersten Zeit erfahrene Kollegen bei Kundenbesuchen. Sie können dabei beobachten, wie diese auf kritische Einwürfe oder Vorhaltungen reagieren und lernen so, welches Verhalten gegenüber Kunden erfolgreich ist.
- Direkt vermittelt werden Standards im Rahmen von *Trainings* sowie *Aus- und Weiterbildungsveranstaltungen*. So lernen zum Beispiel Mitarbeiter mit Kundenkontakt Standards kundenorientierten Verhaltens und üben, welches Verhalten sie gegenüber Kunden in schwierigen Situationen wie zum Beispiel bei Reklamationen zeigen sollen (Nerdinger, 2003).

Standards werden gewöhnlich nicht passiv übernommen, sondern aus den Informationen aus allen drei Einflussquellen mehr oder weniger *aktiv konstruiert*. Daher unterscheiden sich Mitarbeiter eines Unternehmens darin, an welchen Standards sie ihr Verhalten ausrichten und messen.

Selbstbewertung kann auch im Vergleich des Beobachteten mit selbst gesetzten Zielen erfolgen. Das wird besonders deutlich bei solchen Arbeiten, die weitgehend autonom ausgeübt werden – ein klassisches Beispiel bilden Schriftsteller (Wallace, 1977). Einen Roman zu schreiben erfordert ein hohes Maß an Selbstdisziplin, da sich die Aufgabe über eine lange Zeit erstreckt und gewöhnlich niemand das Schreiben überwacht. Viele erfolgreiche Schriftsteller setzen sich daher ein tägliches Ziel, zum Beispiel, wie viele Seiten sie schreiben wollen. Andere, vor allem angenehme Aktivitäten erlauben sie sich erst, wenn sie das selbst gesetzte Ziel erfüllt haben. Ganz ähnlich müssen sich selbständige Handelsvertreter einer eisernen Disziplin unterwerfen: Sie sollten sich Ziele setzen – zum Beispiel vier Kundenbesuche pro Tag – und ihre Arbeit erst beenden, wenn sie diese Ziele erreicht haben (Nerdinger et al., 1990). Sollte das an einem Tag nicht gelingen, muss das Ziel für den nächsten Tag entsprechend erhöht werden.

6.1.3 Selbstbelohnung/-bestrafung

Werden die Selbstbeobachtungen mit persönlichen Standards oder Zielen verglichen, so folgen gewöhnlich Belohnungen, manchmal auch Bestrafungen. Diese Reaktionen entscheiden letztlich, ob ein Verhalten beibehalten oder geändert wird. Im beruflichen Bereich sind solche Reaktionen zu erwarten, wenn man sich an die vereinbarten Ziele bzw. allgemein an die Aufgabe gebunden fühlt. Die wichtigsten Formen der Bekräftigung sind materielle Selbstbelohnungen und auf die eigene Person bezogene emotionale oder gedankliche Reaktionen (Kanfer, 1996).

– *Materielle Selbstbelohnungen* können die verschiedensten Formen annehmen – von der Erholungspause, der Zigarette oder der Tasse Kaffee nach einer erfolgreich abgeschlossenen Handlung bis hin zum „Einkaufsbummel", jeder hat seine Art, sich dafür zu belohnen, dass er etwas geleistet hat. Gönnt man sich solche Belohnungen unmittelbar nach einer bestimmten Handlung, steigt die Wahrscheinlichkeit, dass in vergleichbaren Situationen dieselben Handlungen wieder gezeigt werden. Auch wenn es manchen Vorgesetzten widerstrebt – Erfolge sollen gefeiert werden, damit sie sich wiederholen!

– Bei *emotionalen und kognitiven Reaktionen*, die auf das eigene Verhalten folgen, lassen sich zwei Formen unterscheiden: Positive oder negative Gefühle und mit speziellen Handlungen verbundene Erwartungen der Selbstwirksamkeit. Die angenehmen Gefühle nach Erfolgen bzw. die unangenehmen Gefühle nach Misserfolgen kennt jeder. Diese Gefühle bewirken, dass ein zielführendes Verhalten beibehalten wird und solches Verhalten, das zu Misserfolgen führt, künftig weniger wahrscheinlich wird. Aber auch die bloße Vorstellung der positiven Gefühle, die man bei einem Erfolg erleben wird, wirken als Anreize, die erfolgreiches Handeln wahrscheinlicher machen. Ebenso können die negativen Gefühle bei vorgestellten Misserfolgen wenig erfolgreiches Handeln künftig ausschließen (Bagozzi, Baumgartner & Pieters, 1998). Die kognitiven Reaktionen auf das eigene Verhalten zeigen sich in der Erwartung künftiger Selbstwirksamkeit (Bandura, 1997). Durch Selbstbewertung gewinnen Menschen weiteres Wissen darüber, welche Fähigkeiten und Fertigkeiten notwendig sind, um Ziele erfolgreich zu bewältigen. Dieses Wissen beeinflusst entscheidend den Glauben an die Selbstwirksamkeit bei der Erreichung der Ziele. Das Gefühl der Selbstwirksamkeit verstärkt wiederum das entsprechende Verhalten.

Fähigkeiten der Selbstbeobachtung sind ebenso trainierbar wie Techniken der Selbstbelohnung/-bestrafung. Indem man sich persönliche Standards bewusst macht und für bestimmte Verhaltensweisen konkrete Ziele setzt, kann man sich selbst regulieren und motivieren. Dabei lassen sich eine Reihe von Techniken einsetzen.

6.2   Methoden der Selbstmotivation

Zur Verbesserung der Fähigkeit zur Selbstmotivation werden mittlerweile viele Trainings angeboten, die sich bislang allerdings vorwiegend an Führungskräfte richten (Hovestädt, 1997; Seiwert, 2001; Kehr, 2002). Im Zuge der Reorganisationen, die in den letzten Jahren die Unternehmen der Wirtschaft erfasst haben, werden aber Selbstmotivationstrainings auf allen betrieblichen Ebenen wichtiger. Eine Reorganisation mit dem Ziel, das Unternehmen zu verschlanken, geht in der Regel mit der Verlagerung von Kompetenzen nach unten und dem Empowerment der Mitarbeiter einher (Nerdinger, 1997). Das erfordert „Intrapreneure", Mitarbeiter, die eigenverantwortlich und weitgehend selbständig im Interesse der Firma handeln (Wunderer & Dick, 1998).

Zur Vorbereitung auf solche Aufgaben bieten Selbstmotivationstrainings die geeigneten Übungen. Diese Trainings umfassen gewöhnlich sechs Komponenten, die je nach Fragestellung unterschiedlich gewichtet werden: Selbsteinschätzung, Zielsetzung, Selbstüberwachung, Selbstbewertung, schriftliche Kontrakte und das Aufrechterhalten des Gelernten (Nerdinger, 1995; Kanfer, Reinecker & Schmelzer, 1996).

Der Aufbau von Fähigkeiten zur Selbstmotivation
Selbsteinschätzung
Zunächst lernen die Teilnehmer und Teilnehmerinnen, systematisch Daten über ihr eigenes Verhalten und die Situationen, in denen es regelmäßig auftritt, zu sammeln. So gewinnen sie Einsicht in die Ursachen des eigenen Verhaltens, sie können kritische Verhaltensweisen herausfinden und legen den Ausgangszustand, den sie ändern wollen, fest.
Zielsetzung
Im nächsten Schritt werden Ziele festgelegt, die zur Veränderung der kritischen Verhaltensweisen führen sollen. Wichtig ist die konkrete Festlegung des Verhaltens, das man anstrebt.
Selbstüberwachung
Im dritten Schritt wird geübt, das Auftreten bzw. Nicht-Auftreten des durch die Ziele definierten Verhaltens aufzuzeichnen. Die Teilnehmer und Teilnehmerinnen lernen, ein für sie geeignetes Messinstrument zu wählen (z. B. Diagramme, Tagebücher oder Verhaltensbeschreibungen) und es zeitlich und formal korrekt zu handhaben. Weiter lernen sie, dass die Aufzeichnung möglichst unmittelbar nach dem Verhalten erfolgen muss.

Selbstbekräftigung
Die Teilnehmer entwickeln Formen der Bekräftigung, die für sie persönlich bedeutsam sind, und lernen sich selbst zu belohnen, wenn sie ein angezieltes Verhalten realisiert haben.

Schriftliche Kontrakte
Gewöhnlich treffen die Teilnehmer und Teilnehmerinnen von Selbstmotivationstrainings eine Abmachung mit sich selbst, wobei sie die gesetzten Ziele, die Handlungen zur Zielerreichung und die Bedingungen für Selbstbekräftigungen schriftlich festlegen. So soll die Bindung an die Ziele und die Änderungsmaßnahmen erhöht werden.

Aufrechterhalten
Ein entscheidendes Problem ist die Übertragung des Gelernten in die Praxis. Zu diesem Zweck werden im Training Probleme der Umsetzung analysiert und Strategien entwickelt, wie sich solche Probleme bewältigen lassen.

Die wesentlichen Punkte solcher Trainings kann jeder für sich durchführen, das konkrete Vorgehen sei daher an exemplarischen Methoden knapp erläutert (vgl. dazu Comelli & von Rosenstiel, 2003).

6.2.1 Selbsteinschätzung: Die Analyse kritischer Situationen

Entscheidend für das Verständnis des eigenen Verhaltens sind zwei Einflussgrößen – die Situation, in der es auftritt, und die Konsequenzen, die es unmittelbar nach sich zieht. Folgt auf ein Verhalten eine positive, als angenehm erlebte Konsequenz, so wird dieses Verhalten in einer vergleichbaren Situation wahrscheinlich wieder gezeigt: Die positive Konsequenz wirkt wie eine Belohnung, mit der das Verhalten verstärkt wird. Folgt dagegen eine negative Konsequenz, so wirkt das wie eine Bestrafung des Verhaltens – künftig wird es in vergleichbaren Situationen nicht mehr oder mit geringerer Wahrscheinlichkeit gezeigt.

Dieses Prinzip ist jedem bekannt, der Kinder erzieht: Soll ein Kind am Mittagstisch ruhig sitzen und richtig essen, verfahren die meisten Eltern automatisch nach demselben Prinzip. Löffelt das Kind ruhig und konzentriert seine Suppe, so wenden sich die Eltern ihm zu, zeigen ihre Freude und loben es. Die Anerkennung und die emotionale Zuwendung lösen im Kind angenehme Gefühle aus, die sich an das vorher gezeigte Verhalten, das ruhige, konzentrierte Essen koppeln. Hat es dieses Erlebnis einige Male gemacht, wird es im Laufe der Zeit sein Essverhalten immer mehr den Wünschen der Eltern anpassen.

Aber auch das umgekehrte Vorgehen ist aus der Erziehung bekannt: Rutscht das Kind unruhig auf dem Stuhl, patscht mit dem Löffel in die Suppe und sagt ständig „ich will nicht essen", verliert gelegentlich ein Elternteil die Geduld, schimpft oder verhängt gar Sanktionen („Du bleibst solange sitzen, bis die Suppe aufgegessen ist"). Solche Bestrafungen erlebt das Kind als unangenehm, daher wird es das beschriebene Verhalten seltener zeigen. Allerdings wissen erfahrene Eltern, dass dieser zweite Weg nicht so gut funktioniert wie der erste.

So banal dieses Prinzip scheint, es hat seine Tücken, auf die man ein Leben lang hereinfallen kann. Zum Beispiel finden sich allzu viele Führungskräfte, die nach der Regel verfahren: „Wenn ich nichts sage, ist das genug Anerkennung". Sie sparen also bei guten Leistungen ihrer Mitarbeiter mit Anerkennung, bei schlechten dagegen nehmen sie sich die Zeit zu einem ausführlichen Kritikgespräch, in dem sie – wie in vielen Führungstrainings gelernt – ausführlich und konstruktiv das Verhalten analysieren und Wege der Verbesserung aufzeigen. Was lernen die Mitarbeiter daraus? Macht man seine Arbeit gut, wird man ignoriert. Will man erreichen, dass sich der Vorgesetzte einem zuwendet und Interesse zeigt, so muss man ab und zu Fehler machen!

Wer also sein eigenes Verhalten besser verstehen will, muss genau analysieren, was für ein Verhalten er in bestimmten Situationen zeigt und welche Konsequenzen das Verhalten hat. Zu diesem Zweck muss man sich für eine gewisse Zeit selbst beobachten, wobei die *Methode der kritischen Ereignisse* (Flanagan, 1954) sehr hilfreich ist. Dabei konzentriert man sich auf solche Situationen, in denen man mit sich und seinem Verhalten sehr zufrieden oder aber äußerst unzufrieden war. Durch die Konzentration auf die extremen Situationen werden die entscheidenden Merkmale der Situation deutlicher und man lernt die Bedingungen des eigenen Verhaltens besser verstehen. Das konkrete Vorgehen sei am Beispiel der Führung von Mitarbeitergesprächen verdeutlicht. Mitarbeitergespräche zählen zu den wichtigsten Führungsaufgaben (Fiege et al., 2001), vor allem in schwierigen Situationen werden sie aber auch als sehr belastend erlebt und manche Vorgesetzte haben den Eindruck, sie machen in diesen Situationen „irgend etwas falsch".

Eine Führungskraft, die dieses Gefühl kennt, sollte sich einmal die Zeit nehmen und in aller Ruhe an Gespräche denken, die nach dem eigenen Eindruck sehr gut gelaufen sind und bei denen die Gesprächsziele vollständig erreicht wurden. Möglichst exakt und unverfälscht notieren sie dann jedes Detail dieser Gespräche, wobei sie sowohl die äußeren Umstände als auch die inneren Bedingungen – vor allem die jeweils erlebten Gefühle – genau beachten müssen. Anschließend macht man dasselbe für Gespräche, die sehr unbefriedigend verlaufen sind und in deren Folge der Mitarbeiter sich nicht in der angesprochenen Richtung geändert hat. Stellt man bei dieser Analyse fest, dass einem nur noch allgemeine, sehr vage Erinnerungen in den Sinn kommen, ist es geboten, für eine gewisse Zeit unmittelbar nach jedem Mitarbeitergespräch alle wichtigen Details zu notieren. Je kürzer der Abstand zu dem Gespräch, desto besser die Erinnerung an die Einzelheiten!

Hat man eine ausreichende Zahl präziser Beschreibungen erstellt, geht es an die Auswertung. Zunächst werden die äußeren Bedingungen der gut bzw. der schlecht verlaufenen Gespräche analysiert. Zum Beispiel könnte sich für positive Gespräche herausstellen, dass sie
– am Vormittag stattfanden,
– keine Störung durch das Telefon oder die Sekretärin auftrat,
– die nächsten Termine alle erst am Nachmittag anstanden,
– der Vorgesetzte so gesessen ist, dass er die Tür zum Sekretariat nicht im Auge hatte,
– er sich innerlich ausgeglichen fühlte, da er vor dem Gespräch keinen Ärger hatte,
– vor dem Gespräch ausreichend Zeit war, das Thema und die wichtigsten Botschaften in Gedanken noch einmal genau durchzugehen,
– die Gesprächsziele geklärt waren,
– der Vorgesetzte einen Plan hatte, was er zum Einstieg sagen wollte.

All das sind Beispiele, in solchen Situationen kann natürlich alles mögliche auffällig werden. Bei den negativen Gesprächen könnte dagegen folgendes in den Sinn kommen:
– sie fanden am frühen Nachmittag – häufig kurz nach dem Mittagessen – statt,
– die Gespräche wurden mehrmals unterbrochen,
– waren zeitlich befristet, da anschließend wichtige Termine geplant waren,
– der Vorgesetzte war innerlich unruhig wegen der wichtigen Termine,
– er fühlte sich unvorbereitet und wurde in mehreren Situationen des Gesprächs von den Antworten des Mitarbeiters überrascht,
– der Gesprächseinstieg war sehr allgemein gehalten, so dass es zunehmend schwieriger wurde, den Mitarbeiter für das Thema zu sensibilisieren usw.

Durch die Analyse der kritischen Ereignisse gewinnt man einen guten Überblick über die Situationen und ihre Bedingungen, die zum Erfolg bzw. zum Scheitern führen. Das so gesammelte Material bildet den Ausgangspunkt für die folgenden Schritte.

6.2.2 Zielsetzung und Planung

Im nächsten Schritt muss man sich klar machen, was man eigentlich ändern will und wie der künftige Zustand konkret aussehen soll, das heißt man muss sich selbst Ziele des Verhaltens setzen. Wie bei den Zielen, die für andere Menschen gesetzt werden, gilt auch hier: Sie sollen herausfordernd sowie möglichst spezifisch und präzise sein (Locke & Latham, 1990; Wegge, 1998). Herausfordernd bedeutet, das Ziel kann nur erreicht werden, wenn man sich wirklich darum bemüht. Bei der Selbstmotivation wie bei der Motivation von Mitarbeitern ist allerdings folgendes zu beachten:

> Zur Aufrechterhaltung der Motivation kann es manchmal günstig sein, sich möglichst schnell Erfolgserlebnisse zu verschaffen.

Damit gewinnt man den Schwung, um längerfristige Ziele anzustreben. Daher sollte man größere Ziele in herausfordernde Teilziele zerlegen, damit raschere Erfolgserlebnisse möglich werden.

Ziele sollen aber auch spezifisch sein: Wer sich vornimmt, „Ich will meine Mitarbeitergespräche künftig besser führen", der wird immer Hinweise entdecken, die ihm das Erreichen dieses vagen „Ziels" bestätigen. Also muss das Ziel konkret und eindeutig überprüfbar formuliert werden. Im vorliegenden Beispiel könnte das lauten: „Die nächsten drei Mitarbeitergespräche werde ich so führen, dass meine Mitarbeiter am Ende des Gesprächs auf meine Frage hin jeweils bestätigen, dass sie die – von mir vorher festgelegten – Gesprächsziele erreichen werden!"

Ein weiterer Punkt ist hier zu klären: Bestehen Zielkonflikte? Die Realisierung des Ziels im vorliegenden Beispiel könnte dazu führen, dass andere Ziele beeinträchtigt werden. Mitarbeitergespräche mit dieser Zielsetzung zu führen erfordert relativ großen Aufwand bei der Vorbereitung. Das könnte auf Kosten der Flexibilität des Vorgesetzten gehen, der deshalb nicht mehr ad hoc auf unerwartete Probleme in seinem Verantwortungsbereich reagieren kann. Hier müssen klare Prioritäten geschaffen werden, zum Beispiel: Die Mitarbeiter stehen an erster Stelle, daher ist es in der momentanen Situation am wichtigsten, die Gespräche mit ihnen zu optimieren. Wenn es sich nicht anders einrichten lässt, muss die Lösung unerwarteter Probleme entweder aufgeschoben oder aber delegiert werden.

Sind die Ziele eindeutig festgelegt, sollte man sich über den Weg dorthin Klarheit verschaffen: Das künftige Verhalten muss geplant werden. Zur Steuerung der äußeren Bedingungen sollte man sich überlegen, wie sich die Situation kontrollieren lässt.

6.2.3 Kontrolle der Situation

Die Kontrolle der Situation ist ein erster, häufig ganz wesentlicher Schritt zur Zielerreichung. Aufbauend auf der Liste der kritischen Ereignisse soll die Situation so gesteuert werden, dass sie möglichst viele förderliche Bedingungen enthält und soweit möglich störende Einflüsse vermieden werden. Im vorliegenden Fall könnte das bedeuten:
- Mitarbeitergespräche immer auf den Vormittag legen: In dieser Zeit erreicht der Mensch aufgrund des biologischen Rhythmus die höchste Leistungsfähigkeit. Für das Gespräch heißt das, am Vormittag kann sich der Vorgesetzte am besten konzentrieren;
- vorher die Sekretärin instruieren, dass bis zum Ende des Gesprächs keine Störungen – weder durch das Telefon noch durch sie selbst – auftreten;
- alle weiteren Termine zeitlich soweit verschieben, dass im Gespräch kein Druck entsteht und alle offenen Fragen geklärt werden;
- auf die Sitzposition achten: Keine direkte Konfrontation zum Gesprächspartner einnehmen, keine ablenkenden Gegenstände im Blickfeld;
- vor dem Gespräch ausreichend Zeit einplanen, um sich auf das Thema zu konzentrieren und in Gedanken noch einmal die wichtigsten Punkte vorzubereiten;
- die Gesprächsziele vorher genau festlegen;
- den Gesprächsaufbau in Gedanken durchgehen
und anderes mehr.

Das sind scheinbar alles Selbstverständlichkeiten, aber in der Hektik des Alltagsgeschäftes wird es allzu schnell vernachlässigt. Für vieles kann keine allgemeingültige Empfehlung abgegeben werden, da jeder ganz individuell auf Merkmale der Situation reagiert – dies herauszufinden ist Aufgabe der Analyse kritischer Ereignisse. Dabei werden auch die Konsequenzen des Verhaltens aufgedeckt, die sich ebenfalls im Sinne der eigenen Ziele steuern lassen.

> Selbstmotivation bedeutet, gezielt die Bedingungen herzustellen, unter denen Ziele optimal erreicht werden und sich für die Zielerfüllung selbst belohnen.

6.2.4 Sich selbst belohnen

Ob Verhalten auf Dauer beibehalten wird, darüber entscheiden die Konsequenzen, die es nach sich zieht. Allgemein kann man sagen: Menschen werden Verhaltensweisen wiederholen,
- die zu einem gewünschten Erfolg führen,
- die angenehme Folgen haben,
- die einen unangenehmen Zustand beenden,
- die belohnt oder gelobt werden.

Sie werden in Zukunft solche Verhaltensweisen vermeiden,
– die nicht zum gewünschten Erfolg führen,
– die unangenehme oder unerwünschte Folgen haben,
– die einen angenehmen Zustand unterbrechen,
– die bestraft oder getadelt werden.

Das klingt ganz einfach, betrachtet man sich jedoch sein eigenes Verhalten, so wird man schnell feststellen, dass man häufig gegen diese Prinzipien verstößt. Zum Beispiel setzt man sich vor den PC, um endlich das lästige Protokoll der letzten Sitzung anzufertigen. Man kann sich nicht recht konzentrieren, die Gedanken kommen ins Schweifen und plötzlich fasst man den Entschluss: Jetzt trinke ich mal eine Tasse Kaffee, dann wird das Schreiben besser von der Hand gehen! Hier folgt eine angenehme Konsequenz (Kaffee) auf ein unerwünschtes Verhalten (Unkonzentriertheit, Tagträumen). Die Folge wird sein, dass künftig Protokolle noch widerwilliger und unkonzentrierter angegangen werden.

Nach diesem Prinzip müssen die Aufzeichnungen der kritischen Ereignisse analysiert werden. Was sind erwünschte Verhaltensweisen im hier untersuchten Beispiel? Möglicherweise ist der beispielhafte Vorgesetzte sehr handlungsorientiert und erlebt es als unangenehm, sich in Gedanken auf anstehende Gespräche vorzubereiten. Manche Menschen – gerade Manager – erleben nur dann angenehme Gefühle, wenn sie aktiv handeln. Statt also anstehende Gespräche vorzubereiten, diktieren sie lieber noch zwei, drei Briefe und führen noch das Telefonat mit dem Kollegen, um die Strategie für die nächste Sitzung zu besprechen. Dabei erleben sie das positive Gefühl des „Tätigseins", das wiederum die Vermeidung der mühseligen und lästigen gedanklichen Vorbereitungen verstärkt! Ein solcher Vorgesetzter muss sich vornehmen, die angenehmen, positiv erlebten Tätigkeiten erst dann zu verrichten, wenn er die unangenehme Aufgabe – die Vorbereitung auf das Mitarbeitergespräch – erledigt hat. In diesem Fall wird das erwünschte Verhalten bekräftigt.

Natürlich sind eine Vielzahl weiterer Formen der Bekräftigung denkbar, die sich jeder selbst zur Belohnung für ein erwünschtes Verhalten verabreichen kann – die Tasse Kaffee, eine Zigarette, der Plausch mit der Sekretärin, der Einkaufsbummel zur Belohnung eines erfolgreich abgeschlossenen Projekts … Auch in der Frage der Selbstbekräftigung muss man sich zuerst selbst beobachten. Jeder muss für sich herausfinden, was er als angenehm erlebt und sich diese Belohnungen erst im Anschluss an erwünschtes Verhalten genehmigen.

Die wichtigsten Punkte zur Selbstmotivation noch einmal zusammengefasst (Comelli & von Rosenstiel, 2003):

Sich selbst motivieren

- Analysieren Sie kritische Ereignisse, am besten unmittelbar nach dem Erleben: Was hat Sie in der Situation erfolgreich gemacht? Was war hinderlich? Wo standen Sie sich selbst im Wege?
- Setzen Sie sich herausfordernde Ziele, formulieren Sie diese möglichst konkret und leicht überprüfbar.
- Brechen Sie langfristige Ziele in schneller erreichbare Teilziele auf, so erhalten Sie rascher ein Erfolgserlebnis, das Ihre Motivation zur Änderung eines Verhaltens aufrechterhält.
- Planen Sie die einzelnen Schritte auf dem Weg zum Ziel.
- Kontrollieren Sie die Situation, so dass sie Ihre Ziele unterstützt.
- Richten Sie Ihre Arbeitssituation so ein, dass Sie möglichst wenig abgelenkt werden und sich dort wohl fühlen – was dazu beiträgt, muss jeder für sich herausfinden.
- Belohnen Sie sich für das Erreichen der Ziele, aber auch für gemeisterte Schwierigkeiten und die Überwindung von Problemen.
- Achten Sie darauf, dass nicht unerwünschtes Verhalten belohnt wird, denn belohntes Verhalten wird zur Gewohnheit.

7 Nach der Handlung: Ergebnisse erklären und bewerten

Handlungen führen zu Ergebnissen, die man sich gewöhnlich erklärt und häufig auch bewertet. Das ist vor allem bei Misserfolgen der Fall – wenn Ziele verfehlt werden oder Handlungen scheitern –, aber auch, wenn man von Situationen überrascht wird oder die eigenen Überzeugungen bedroht sind (Weiner, 1994). In solchen Situationen schreibt man dem Ereignis bestimmte Ursachen zu. Solche Ursachenzuschreibungen haben große Auswirkungen auf den Wert von Anreizen und die Erwartung, künftig vergleichbare Aufgaben zu meistern. Ursachenzuschreibungen greifen also unmittelbar in den Prozess der Motivation ein.

Häufig – vor allem nach dem Abschluss größerer Projekte oder umfangreicher Arbeiten – lassen Mitarbeiter die vergangene Zeitperiode Revue passieren. Sie vergleichen ihre Erwartungen und Handlungspläne, die am Beginn anvisierten Ergebnisse sowie deren Folgen mit dem Verlauf der Handlung und den realen Ergebnissen. Eine solche Rückschau bildet eine wichtige Erfahrungsquelle: Sie beeinflusst künftige Entscheidungen und die Bereitschaft, sich für Ziele des Unternehmens zu engagieren. Im Arbeitsleben sind zwei Arten handlungsbewertender Rückblicke besonders wichtig: Zum einen werden sie vom Unternehmen regelmäßig nahe gelegt, zum Beispiel im Rahmen jährlicher Gehalts- oder Beurteilungsrunden (Nerdinger, 2001b).

Aber auch in unregelmäßig auftretenden Situationen, nach dem Abschluss umfangreicher Projekte oder wenn man sich sehr stark für eine Aufgabe engagiert hat, werden Aufwand und Ertrag resümiert. Manche Mitarbeiter stellen sich auch gelegentlich spontan die Frage, ob sich der Einsatz für das Unternehmen „gelohnt" hat. Letztlich geht es dabei um die Frage, ob man im Unternehmen fair bzw. gerecht behandelt wird. Nicht selten lösen Krisen im Berufs- oder Privatleben solche Fragen nach der Gerechtigkeit und Fairness aus.

7.1 Erklärung von Handlungsergebnissen

7.1.1 Die Zuschreibung von Ursachen

Stellt ein Mitarbeiter fest, dass er die mit dem Vorgesetzten vereinbarten Ziele nicht erreicht hat, sucht er gewöhnlich nach Erklärungen: Wurde ich nicht genügend unterstützt? Waren die Ziele aufgrund der wirtschaftlichen Situation unrealistisch hoch angesetzt? Habe ich mich zu wenig eingesetzt? Vor allem für wichtigere Ereignisse suchen Menschen nach Erklärungen. Zu diesem Zweck schreibt man den Ergebnissen bestimmte Ursachen zu, der Vorgang wird daher auch als Attribution bezeichnet (Weiner, 1985; Heckhausen, 1989; Nerdinger, 1995). Welche Erklärungen sind dabei möglich?

Die Ergebnisse von Handlungen lassen sich prinzipiell auf zwei Klassen von Ursachen zurückführen – Faktoren, die in der Person liegen und solche, die in der Umwelt liegen (Heider, 1958). Die Zuschreibung von Ursachen auf die Person wird als *internale Attribution*, die Zuschreibung auf Merkmale der Umwelt als *externale Attribution* bezeichnet. Schreibt zum Beispiel ein Verkäufer den erfolgreichen Abschluss von Verkaufsverhandlungen sich selbst – seiner Begabung oder seinem großen Einsatz – zu, attribuiert er den Erfolg internal. Erklärt er sich das Ergebnis dagegen mit der Großzügigkeit seines Verhandlungspartners oder der günstigen ökonomischen Situation, möglicherweise sogar mit zufälligen Umständen, attribuiert er external (Nerdinger, 2001a).

Die Unterscheidung in internale und externale Ursachen wird der Komplexität möglicher Attributionen allerdings noch nicht gerecht. Die genannten Ursachen lassen sich auch danach unterscheiden, ob sie zeitlich stabil sind oder sich ständig verändern, das heißt variabel sind (Weiner, 1994). Durch Kombination der Dimensionen „Ort der Verursachung" (internal/external) und Stabilität der Ursache (stabil/variabel) ergibt sich folgende Vierfeldertafel:

Stabilität	Ort	
	internal	external
stabil	Fähigkeit	Aufgabenschwierigkeit
variabel	Anstrengung	Zufall

Abbildung 14:
Ursachen von Erfolg und Misserfolg

Sowohl Begabung als auch Anstrengung sind Ursachen für Erfolg oder Misserfolg, die in der Person liegen. Während aber die Begabung allgemein als ein stabiles Merkmal der Persönlichkeit angesehen wird – man ist nicht heute begabt für eine Aufgabe und morgen unbegabt –, ist die Anstrengung variabel: Man bemüht sich nicht immer gleich, um eine Aufgabe zu lösen. Die Anstrengung hängt von vielen Faktoren ab, zum Beispiel vom Interesse an der Aufgabe und der wahrgenommenen Unterstützung durch andere.

Ähnliches trifft für die externalen, nicht in der Person liegenden Ursachen zu. Während eine Aufgabe einen bestimmten, weitgehend unveränderlichen Schwierigkeitsgrad hat, ist Glück oder Pech offensichtlich zufälliger Natur. Der Erfolg einer Verkaufsverhandlung kann damit erklärt werden, dass es eben sehr einfach ist, ein gutes Produkt zu verkaufen. Er kann aber auch mit Glück erklärt werden, zum Beispiel weil der Verhandlungspartner gerade heute guter Laune war. Allerdings unterscheiden sich die Menschen darin, was sie als stabil bzw. als variabel ansehen. So erscheint manchen Mitarbeitern die Aufgabenschwierigkeit als variabel: Um im Beispiel zu bleiben – ein Verkäufer kann seine Aufgabe in Abhängigkeit vom Verkaufsgebiet als leicht oder schwierig wahrnehmen (Nerdinger, 2001a).

Solche Attributionen nehmen Einfluss auf die Motivation, indem sie die Erwartungen und die Werte von Zielen verändern. Die Dimension „Stabilität der zugeschriebenen Ursachen" hat wesentlichen Einfluss auf die *Erwartung* künftiger Erfolge bzw. Misserfolge: Erklärt sich zum Beispiel ein Mitarbeiter einen Misserfolg mit seiner geringen Begabung, wird in der nächsten vergleichbaren Situation die Erwartung eines Erfolges erheblich sinken. Wie bereits gezeigt, sinkt damit auch die Motivation zur Leistung. Umgekehrt kann die Erklärung eines Misserfolgs durch mangelnde Anstrengung zu einer Steigerung des persönlichen Einsatzes in der nächsten vergleichbaren Situation führen:

> Wer Erfolg bzw. Misserfolg erlebt und glaubt, die Ursachen dafür werden weiter bestehen, der wird künftigen Erfolg bzw. Misserfolg mit größerer Sicherheit vorhersagen. Werden die Ursachen des Leistungsergebnisses dagegen dem Glück oder Zufall zugeschrieben, ändern sich die Erwartungen nur unwesentlich.

Wer glaubt, ein Misserfolg sei einfach Pech gewesen, hat keinen Grund, seine Erwartung künftiger Erfolge in vergleichbaren Aufgaben zu ändern.

Attributionen verändern aber nicht nur Erwartungen, sie lösen auch Gefühle aus, die wiederum den *Wert* von Zielen beeinflussen. Unabhängig von ihrer Erklärung lösen Erfolge gewöhnlich Gefühle der Freude und Zufriedenheit aus, nach Misserfolgen fühlt man sich traurig, verstimmt oder deprimiert. Nicht zuletzt wegen dieser Gefühle haben Menschen die Neigung, vor allem Leistungsergebnisse so zu erklären, dass es für sie am günstigsten ist. Das sei am Beispiel, wie sich Verkäufer ihre Leistung erklären, verdeutlicht. In einer Untersuchung wurden Verkäufer mit verschiedenen Tätigkeiten im Außendienst gebeten, über kurz zurück liegende Erfolge und Misserfolge in ihrer Arbeit zu erzählen (Johnston & Kim, 1994). Die Antworten wurden zunächst danach ausgewertet, ob sie diese Ergebnisse auf Ursachen zurückführen oder nicht. Hier zeigt sich eindeutig: Nach Misserfolgen suchen die Verkäufer häufiger nach Erklärungen als nach Erfolgen (90.8 % zu 64.4 %). Misserfolge bedrohen das Selbstbild und verlangen nach einer Erklärung!

Im nächsten Schritt wurden die Aussagen nach der Häufigkeit der gewählten Erklärung verglichen.

Attribution	Erfolg		Misserfolg	
	N	%	N	%
Internal/stabil	43	43.1	11	7.4
External/stabil	41	39.4	5	39.2
Internal/variabel	11	10.6	22	14.9
External/variabel	10	8.7	578	38.5
Σ	105	100.0	148	100.0

Abbildung 15:
Die Erklärung von Verkaufsergebnissen (nach Johnston & Kim, 1994, S. 72)

Der gravierendste Unterschied zwischen Erfolgs- und Misserfolgssituationen betrifft den Ort der Verursachung: Internale Attributionen werden überwiegend in Erfolgssituationen vorgenommen (53.7 % zu 22.3 %):

> Für die Erfolge fühlt man sich selber verantwortlich, die Ursachen für Misserfolge werden dagegen bevorzugt in der Umwelt gesucht!

Eine solche systematische Verzerrung der Ursachenzuschreibung dient in erster Linie dem Schutz des Selbstwertgefühls nach Misserfolgen.

Zur Erklärung von Misserfolgen haben die Verkäufer auch sehr viel mehr unterschiedliche Gründe angeführt als für Erfolge. Darin zeigt sich eine allgemeine Tendenz – Misserfolge zu erklären ist schwieriger als die Erklärung von Erfolgen. Die Verkäufer haben am häufigsten external-stabile Ursachen wie mangelhafte Produkte, schwierige Kunden oder nicht wettbewerbsfähige Preise als Ursache der Misserfolge genannt. Da sich diese Ursachen vom Verkäufer nicht beeinflussen lassen und gleichzeitig relativ stabil sind, nehmen sie durch diese Erklärung künftigen Misserfolgen vorab den selbstwertbedrohenden Charakter. Damit besteht allerdings auch die Gefahr, dass sie keinen Anlass sehen, das eigene Verhalten zu ändern.

Dass Erfolge motivieren, ist allgemein bekannt. Wichtiger ist daher, den Umgang mit Misserfolgen zu beeinflussen, um die damit verbundene Demotivation zu vermeiden. Dazu müssen zwei Seiten der Attribution berücksichtigt werden: Zum einen sollten Führungskräfte die Ursachenerklärungen ihrer Mitarbeiter kennen lernen, um sie dann so zu beeinflussen, dass sie sich günstig auf die Motivation der Mitarbeiter auswirken. Das ist die zentrale Aufgabe im Mitarbeiter- bzw. im Kritikgespräch, wenn Misserfolge gemeinsam analysiert werden (Fiege et al., 2001). Zum anderen müssen sie sich aber auch klar werden, dass sie sich selbst nach dem gleichen Muster die Ursachen der Erfolge und Misserfolge ihrer Mitarbeiter erklären – und das hat erhebliche Auswirkungen auf ihr Verhalten gegenüber den Mitarbeitern und deren Motivation (Nerdinger, 2000). Zunächst zum ersten Fall.

7.1.2 Zuschreibungen des Mitarbeiters steuern

Menschen haben die Neigung, äußere Umstände für Misserfolge verantwortlich zu machen. Das schützt das Selbstwertgefühl und verhindert Demotivation. Allerdings hat dies auch unerwünschte Nebenfolgen: Es gibt dann natürlich keinen Grund, sich und sein Verhalten zu ändern. Das wiederum ist nicht nur im Betrieb eine gewöhnlich wenig wünschenswerte Konsequenz. Günstiger ist es daher, dem Mitarbeiter Attributionen auf die Anstrengung nahe zu legen oder – wenn der Mitarbeiter von sich aus so attribuiert – diese Erklärungen zu verstärken. Da die Anstrengung dem eigenen Willen unterworfen ist, kann durch diese Attribution die Motivation verstärkt werden. Erklärungen über die Fähigkeiten – im Sinne „Sie lernen es nie" – sind dagegen zu vermeiden: Solche Attributionen gefährden das Selbstwertgefühl und verringern die Motivation, da Fähigkeiten gewöhnlich als unveränderlich angesehen werden.

Allerdings sind auch hier die genauen Umstände zu beachten (vgl. Semmer, 1995): Hat sich der Mitarbeiter enorm angestrengt und trotzdem keinen Erfolg erzielt, so kann eine Erklärung über mangelnde Anstrengung endgültig demotivieren. Nach einem solchen Feedback muss er letztlich verzweifelnd zum Ergebnis kommen, dass er es nie schaffen wird. In diesem Fall würde also die Zuschreibung auf die Anstrengung umschlagen in eine Erklärung über die Fähigkeiten: Wenn man trotz größter Anstrengung keinen Erfolg erzielt, muss es wohl an der eigenen Person und ihren – mangelnden – Fähigkeiten liegen.

> Die Erklärung eines Ergebnisses durch (mangelnde) Anstrengung führt nur dann zu höherer Motivation, wenn diese tatsächlich noch steigerungsfähig ist!

Ein weiterer Punkt ist zu beachten: Nicht alle Fähigkeiten werden als unveränderlich angesehen, viele lassen sich auch erlernen bzw. kontinuierlich verbessern. Für die Motivation macht es einen großen Unterschied, ob eine Fähigkeit als unveränderlich oder als erlernbar angesehen wird. So führen zum Beispiel ältere Mitarbeiter ein Versagen beim Umgang mit neuen Informationstechnologien häufig auf ihre Person zurück – der resignierende Satz „dafür bin wohl schon zu alt!" verdeutlicht, dass sie nicht mehr daran glauben, die dafür notwendigen Fähigkeiten erlernen zu können. Hinter einer solchen Erklärung stecken nicht selten Ängste vor dem

Neuen, Unbekannten und der Gefahr des Scheiterns. Zwar dauert der Erwerb solcher Fähigkeiten mit zunehmendem Alter länger, möglich ist er aber sehr wohl. In diesen Fällen müssen Vorgesetzte also internale Attributionen nahe legen bzw. verstärken – sie müssen dem Mitarbeiter klar machen, dass es wichtig ist, diese Fähigkeiten zu erlernen, dass er dazu in der Lage ist und dass man Vertrauen in ihn und seine Lernfähigkeit setzt. In diesen Fällen ist also eine internale Attribution, die Erklärung über die eigene Fähigkeit sehr wohl motivierend.

> Die Erklärung einer mangelnden Leistung durch die Fähigkeiten führt zu höherer Motivation, wenn die Fähigkeiten als veränderbar wahrgenommen werden!

Aber auch die externalen Attributionen sollten nicht völlig unterdrückt werden. Externale Attributionen müssen so verstärkt werden, dass sie wiederum motivierend wirken. Sagt ein Vorgesetzter nach einem Fehler, „die Aufgabe war auch sehr schwierig" oder „wenn man sich mit diesen Problemen noch nicht so gut auskennt, kann das leicht passieren", so wird damit Verständnis signalisiert und gleichzeitig die Änderungsmöglichkeit betont. Der Mitarbeiter verliert nicht sein Gesicht und erlebt die Hoffnung, dass er es künftig besser machen kann und soll. Dieses Gefühl lässt sich noch durch weitere, internale Attributionen verstärken, zum Beispiel „wenn man sein Vorgehen gut plant, kann man solche Fehler vermeiden" oder „holen Sie sich künftig regelmäßig Rückmeldungen über den Entwicklungsstand, dann können solche Überraschungen nicht eintreten" usw.

> Erklärungen durch Merkmale der Situation dienen der Entlastung und können motivieren, wenn sie mit internalen Attributionen verknüpft werden!

7.1.3 Auf die eigenen Zuschreibungen achten

Bislang wurden die Prozesse der Ursachenzuschreibung aus Sicht des Mitarbeiters analysiert, das heißt wie sich der Mitarbeiter Erfolge und Misserfolge erklärt und wie diese Erklärungen durch den Vorgesetzten unterstützt oder verändert werden. Wie aber laufen die Erklärungen auf Seiten der Vorgesetzten ab? Das sei am Beispiel verdeutlicht (Mitchell, 1995; vgl. dazu Nerdinger, 2000): Ein Vorgesetzter kontrolliert die Arbeit seines Mitarbeiters und stellt fest, dass dieser die Aufgabe völlig falsch verstanden hat und daher zu einem unbrauchbaren Ergebnis gekommen ist. Er kann das durch stabile Merkmale der Person des Mitarbeiters erklären, zum Beispiel „ihm fehlt es einfach an Intelligenz – er kann kein komplexes Problem analysieren". Intelligenz ist ein weitgehend angeborenes, im späteren Leben kaum noch veränderbares Merkmal der Person.

Der Vorgesetzte könnte das Ergebnis aber auch auf ein veränderliches Merkmal der Person zurückführen, beispielsweise „er hat sich wahrscheinlich nicht genügend bemüht, die Aufgabe richtig zu verstehen". Anstrengung unterliegt dem Willen, sie lässt sich auch von außen beeinflussen und ändert sich in der Zeit.

Möglicherweise erklärt der Vorgesetzte das schlechte Ergebnis über stabile Merkmale der äußeren Umstände, „solche Aufgaben sind nun mal extrem kompliziert – ich bin mir nicht sicher, ob ich den richtigen Ansatz gefunden hätte". Hier nimmt er also an, dass bestimmte betriebliche Aufgaben einen Schwierigkeitsgrad haben, der sich kaum verändern lässt. Schließlich könnte der Vorgesetzte das Scheitern auch durch veränderbare Umstände erklären, zum Beispiel könnte er denken: „So ein Unglück, dass ihn seine Freundin verlassen hat – unter solchen Umständen konnte er sich nur schwer auf die Arbeit konzentrieren".

Für die Frage der Zusammenarbeit und die Motivation der Mitarbeiter ist entscheidend, dass die Führungskraft sich je nach Erklärung anders verhalten wird. Im Beispiel:
- Erklärt der Vorgesetzte das Problem mit mangelnden Fähigkeiten, wird er den Mitarbeiter künftig stärker unterstützen oder ihm leichtere Aufgaben zuweisen.
- Scheint dagegen die geringe Anstrengung die Ursache des Misserfolgs, wird der Vorgesetzte den Mitarbeiter künftig enger überwachen oder durch Belohnungen zu motivieren versuchen.
- War nach seiner Meinung die Aufgabe zu anspruchsvoll, wird er nicht den Mitarbeiter kritisieren, sondern ihm in Zukunft leichtere Aufgaben übertragen.
- Wenn er das Ereignis jedoch auf das Pech im Privatleben zurückführt, wird er vermutlich gar nichts machen.

Ursachenzuschreibungen sind subjektiv und entsprechen nicht immer der Realität, da Führungskräfte häufig auf der Basis unzureichender Informationen das Verhalten ihrer Mitarbeiter erklären müssen. In diesen Fällen besteht die Gefahr falscher Erklärungen, die weitreichende Folgen haben können. Abbildung 16 veranschaulicht den Ablauf der Ursachenzuschreibung und mögliche, verzerrende Einflüsse (Mitchell, 1995).

Zwischen der Beobachtung von Verhalten und ihrer Erklärung können *Vorurteile* wirksam werden. Vorurteile lassen sich auch im Betrieb nicht vermeiden. Menschen müssen sich ständig Urteile bilden, ohne über genügend Informationen für ein angemessenes Urteil zu verfügen. Das Problem liegt nur darin, dass häufig auf der Basis solcher Vorurteile gehandelt wird, was im Falle der Führung von Mitarbeitern weit reichende Folgen haben kann. Zwischen der Verhaltensbeobachtung und der Erklärung können folgende Vorurteile wirksam werden:

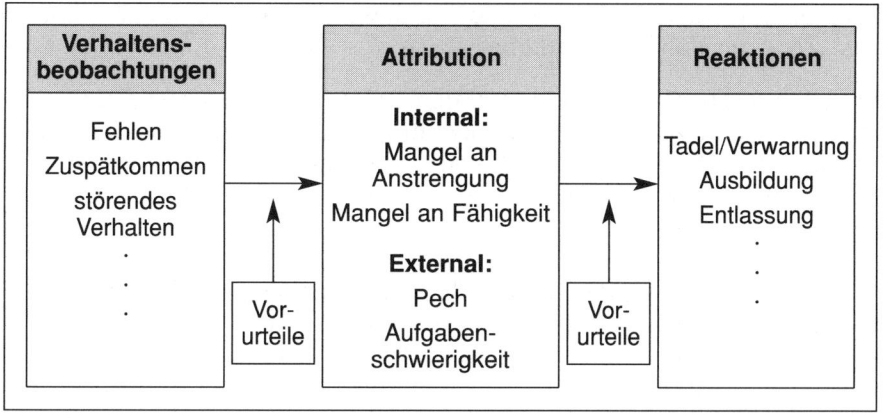

Abbildung 16:
Reaktionen einer Führungskraft auf schlechte Leistungen eines Mitarbeiters
(nach Mitchell, 1995)

– *Selbstbestätigende Vorurteile:* Menschen schreiben Erfolge häufig sich
  selbst zu – besonders ihren Anstrengungen und Fähigkeiten –, Misserfolge dagegen äußeren Umständen. Für Führungskräfte bedeutet das,
  sie neigen dazu, die Erfolge ihrer Mitarbeiter auch durch die eigene
  Führung oder die persönlichen Motivierungskünste zu erklären. Misserfolge werden dagegen eher durch Merkmale des Mitarbeiters erklärt,
  beispielsweise seine Unfähigkeit oder Faulheit.
– *Beziehung zwischen Führungskraft und Mitarbeitern:* Je besser die Beziehung zu den Mitarbeitern ist, desto eher nehmen Führungskräfte Ursachenzuschreibungen vor, die das Selbstbewusstsein der Mitarbeiter
  stärken. Die gute Leistung eines Mitarbeiters, der dem Vorgesetzten
  sympathisch ist, wird durch seine Fähigkeiten oder seine Anstrengung
  erklärt, die schlechte dagegen durch ungünstige äußere Umstände („bei
  der mangelnden Unterstützung durch den Innendienst konnte er gar
  nicht erfolgreich sein!“).
– *Positionsmacht:* Je mächtiger Führer sind, desto eher bestrafen sie ihre
  Mitarbeiter, denn sie erklären sich schlechte Leistungen bevorzugt mit
  der Person des Mitarbeiters.
– *Führungserfahrung:* Führungskräfte, die sich mit den Aufgaben ihrer
  Mitarbeiter gut auskennen, neigen zu Ursachenzuschreibungen, die für
  ihre Mitarbeiter günstig sind.

Die Erklärungen für das Verhalten und die Leistung eines Mitarbeiters
beeinflussen die Reaktionen des Vorgesetzten, wobei wiederum Vorurteile
wirksam werden. Zum Beispiel wird eine schwache Leistung, die sich der
Vorgesetzte durch mangelnden Einsatz des Mitarbeiters erklärt, weniger

hart bestraft, wenn der Vorgesetzte von diesem Mitarbeiter glaubt, dass er das „Zeug zur Führungskraft" hat.

Ursachenzuschreibungen und Reaktionen des Führenden sind also häufig durch psychologische Prozesse beeinflusst, die eine Führungskraft nur schwer kontrollieren kann. Was kann man gegen solche Vorurteile tun? Die Wirkungen von Vorurteilen lassen sich nicht beliebig ausschalten. Vielmehr muss man sich bewusst machen, dass alle Urteile und Erklärungen Fehlern unterliegen können. Kritisches Hinterfragen der eigenen Urteile ist vor allem wichtig, wenn solche Erklärungen gravierende Auswirkungen auf die Mitarbeiter und ihre beruflichen Chancen haben. In diesen Fällen sollte man – wenn immer möglich – zusätzliche Informationen einholen oder noch besser ein Gespräch mit dem Mitarbeiter führen.

> Das Mitarbeitergespräch ist der beste Weg, um den gefährlichen Wirkungen von Vorurteilen und verzerrten Ursachenzuschreibungen vorzubeugen.

7.2   Wie entsteht das Gefühl der Gerechtigkeit?

Eine entscheidende Frage für die weitere Motivation von Mitarbeitern ist, ob die Belohnungen nach ihrer Meinung gerecht verteilt werden (Cropanzano & Greenberg, 1997). Dies wird auch als die erlebte *Verteilungsgerechtigkeit* bezeichnet. Die Reaktion der Mitarbeiter auf Belohnungen hängt aber nicht nur von der Verteilung der Belohnungen ab, auch die Verfahren, die einer Verteilung zugrunde liegen, beeinflussen das Gefühl der Gerechtigkeit. In diesem Fall spricht man von der *Verfahrensgerechtigkeit*.

7.2.1 *Verteilungsgerechtigkeit und ihre Folgen*

Mitarbeiter investieren in die Arbeit Energie, Gesundheit, Intelligenz und vieles mehr, dafür erhalten sie vom Unternehmen Bezahlung, Sozialleistungen, Anerkennung und andere Belohnungen. Für die Motivation der Mitarbeiter ist ausschlaggebend, unter welchen Bedingungen ein solcher Austausch als gerecht bzw. ungerecht erlebt wird. Eine gerechte Verteilung ist nicht objektiv definiert, sondern ergibt sich aus dem Vergleich des eigenen Aufwand-Ertrags-Verhältnisses mit dem anderer Personen (Adams, 1965). Ungerechtigkeit wird erlebt, wenn ein Mitarbeiter das Verhältnis seiner Erträge zu seinen Einsätzen und das Verhältnis der Erträge zu den Einsätzen einer Vergleichsperson als ungleich erlebt. Das lässt sich so darstellen:

$$\frac{\text{eigener Einsatz}}{\text{eigener Ertrag}} > \frac{\text{Einsatz der Vergleichsperson}}{\text{Ertrag der Vergleichsperson}}$$

Das ist sicherlich der wichtigste Fall – der Mitarbeiter glaubt, er erhält für seinen Einsatz weniger im Vergleich zu einem Anderen, der sich entweder weniger einsetzt und dasselbe erhält oder aber für die gleiche Leistung mehr bekommt. Weniger problematisch ist der zweite Fall, der sich so darstellen lässt:

$$\frac{\text{eigener Einsatz}}{\text{eigener Ertrag}} < \frac{\text{Einsatz der Vergleichsperson}}{\text{Ertrag der Vergleichsperson}}$$

In diesem Fall fühlt man sich selbst bevorzugt, da man für denselben Einsatz mehr bekommt als eine Vergleichsperson. Ein solches Gefühl hat geringeren Einfluss auf die Motivation, da dem bevorzugten Mitarbeiter gewöhnlich relativ schnell einige Gründe in den Sinn kommen, die seine Besserstellung rechtfertigen (Gebert & von Rosenstiel, 2002).

Einsatz und Ertrag sind in diesen Gleichungen Summenwerte: Ein Mitarbeiter investiert zum Beispiel Zeit, Erfahrung, Ausbildung und Anstrengung und erhält vom Unternehmen Lohn, interessante Aufgaben, Statussymbole und Aufstiegsmöglichkeiten. Was in diese Bilanz eingeht, hängt ganz von jedem Einzelnen ab. Eine entscheidende Frage ist, mit wem man sich vergleicht. Gewöhnlich wird ein Mitarbeiter sein Aufwand-Ertrags-Verhältnis mit dem seiner Kollegen vergleichen: In Frage kommen Kollegen aus einer anderen Abteilung, möglich ist aber auch der Vergleich mit Kollegen innerhalb einer Abteilung, die als ähnlich wahrgenommen werden. Ein Neuling im Betrieb wird dagegen sein Aufwands-Ertrags-Verhältnis mit dem an der letzten Arbeitsstelle vergleichen – sofern er über solche Erfahrungen verfügt. Gelegentlich finden sich auch Vergleiche zu höherrangigen Mitgliedern des Managements. Werden dabei die Einkommensunterschiede als ungerechtfertigt hoch empfunden, kann das zu einer schlechteren Qualität der Arbeit führen (Cropanzano & Greenberg, 1997).

Für die Motivation der Mitarbeiter sind die Konsequenzen erlebter Ungerechtigkeit maßgeblich. Erlebte Ungerechtigkeit erzeugt im Individuum eine unangenehme Spannung, die nach Lösung drängt. Verschiedene Möglichkeiten stehen dafür zur Verfügung:
- *Veränderung der Ergebnisse:* In Frage kommen die eigenen Ergebnisse oder die Ergebnisse der Vergleichsperson, die Änderung kann objektiv (z. B. fordert man eine Gehaltserhöhung) oder subjektiv erfolgen (man kann sein Aufwand-Ertrags-Verhältnis umdeuten oder anders interpretieren).
- *Veränderung der Einsätze:* Auch in diesem Fall können die eigenen oder die Einsätze der Vergleichsperson objektiv oder subjektiv betroffen sein, der für den Betrieb problematischste Fall ist natürlich die Verringerung der Leistungsbereitschaft.

- *Wahl einer anderen Vergleichsperson*, zum Beispiel wird eine solche Person gewählt, mit deren Aufwand-Ertrags-Verhältnis ein Gleichgewicht besteht.
- *Verlassen des Feldes*, auch dieser Fall kann sich sehr negativ auswirken, da es zur Bitte um Versetzung oder gar zur Kündigung kommt.

Gewöhnlich reagieren Mitarbeiter auf das Gefühl der Ungerechtigkeit damit, die eigenen Ergebnisse zu verbessern und/oder die eigenen Einsätze zu verringern. Das Feld wird erst dann verlassen, wenn der Mitarbeiter keine andere Möglichkeit mehr sieht, die Ungleichheit zu korrigieren.

Wissenschaftlich am besten untersucht sind die Auswirkungen des Gefühls der Unterbezahlung, wobei als Ertrag häufig die finanziellen Belohnungen unter Zeit- und Stücklohn verglichen werden. Auf der Seite der Einsätze lassen sich dabei die Quantität und die Qualität der Leistung unterscheiden. Folgende Ergebnisse finden sich in solchen Untersuchungen (Nerdinger, 1995; Gebert & von Rosenstiel, 2002):
- Fühlt man sich bei Stücklohn unterbezahlt, steigt die Quantität der Leistung, die Qualität nimmt dagegen ab.
- Fühlt man sich bei Zeitlohn unterbezahlt, sinkt die Qualität der Leistung.

Wie ist das zu erklären? Fühlt man sich bei Stücklohn unterbezahlt, so ist die Steigerung der Anzahl produzierter Stücke die einzige Möglichkeit, wie man sein Aufwand-Ertrags-Verhältnis ändern kann. Das erlebte Gefühl der Ungerechtigkeit führt aber zur Vernachlässigung der Qualität der Arbeit. Bei Zeitlohn dagegen hat man keine Möglichkeit, die Erträge zu steigern. Wenn sich ein Mitarbeiter in dieser Situation ungerecht bezahlt fühlt, wird er seinen Einsatz reduzieren. Da bei Zeitlohn keine Stückzahlen erfasst werden, lässt sich das am besten durch weniger Arbeit erreichen, was wiederum in der Quantität der Arbeitsergebnisse deutlich wird.

7.2.2 Die Wirkung von Verfahren

Auch die Verfahren, die zur Verteilung von Belohnungen führen, beeinflussen das Gefühl der Gerechtigkeit. Das wird auch als *Verfahrensgerechtigkeit* bezeichnet. Die Auswirkungen fairer Verfahren auf die Motivation der Mitarbeiter sind enorm, wie folgende Untersuchung zeigt (Greenberg, 1990): Ein amerikanisches Unternehmen hatte wichtige Aufträge verloren und beschloss daraufhin, in zwei ihrer Fabriken die Löhne zehn Wochen lang um 15 % zu kürzen. In der ersten Fabrik wurden die Lohnkürzungen auf einer Betriebsversammlung, die rund 90 Minuten dauerte, durch einen Vertreter der Geschäftsführung ausführlich begründet und mit den Mitarbeitern diskutiert. In der zweiten Fabrik wurden dagegen die Mitarbeiter am Ende eines Arbeitstages durch denselben Manager lediglich kurz über die Tatsache informiert, dass eine Lohnkürzung um 15 % für zehn Wochen erfolgt. Weder wurde die Grundlage der Entscheidung erläutert noch fand der Vertreter der Geschäftsführung ein Wort des Bedauerns. Die Anzahl der Diebstähle vor, während und nach den Lohnkürzungen wurde durch ein im Unternehmen übliches Verfahren zur Erfassung der „Schrumpfung des Materialbestands" gemessen.

In beiden Fabriken verschwand während der Phase der Lohnkürzungen mehr Material. Aber in der Fabrik, in der die Entscheidung ausführlich begründet wurde, verschwand in dieser Zeit nur halb so viel Material wie in der zweiten Fabrik. Außerdem kündigten sehr viel weniger Mitarbeiter in der Fabrik, in der die Lohnkürzungen ausführlich begründet wurden. Dass als Folge der Lohnkürzungen der Materialschwund sprunghaft ansteigt, verdeutlicht die Wirkung einer als ungerecht erlebten Verteilung. Offensichtlich haben die Mitarbeiter die Lohnkürzung durch Erhöhung ihrer Ergebnisse kompensiert. Vermutlich empfanden sie dabei kein Schuldgefühl, da sie ja „nur" eine Ungerechtigkeit der Firmenleitung korrigierten. Die ausführlichen Erklärungen des Managements haben aber in der einen Fabrik zum Erleben eines *fairen Verfahrens* geführt, weshalb hier sehr viel weniger Mitarbeiter ihre Ergebnisse durch die Mitnahme von Material aufbesserten. Verfahrensgerechtigkeit kann also die negativen Folgen einer ungerechten Verteilung erheblich abschwächen (Greenberg, 1990).

Wie entsteht das Erleben von Verfahrensgerechtigkeit? Hier sind zwei Aspekte zu unterscheiden, das Verfahren „an sich" und das Verhalten derjenigen, die ein Verfahren umsetzen (Müller, 1998).

Merkmale gerechter Verfahren
Beteiligung
Die von den Entscheidungen betroffenen Mitarbeiter müssen die Möglichkeit haben, ihre Ansichten zu äußern und auf die Entscheidungsfindung einzuwirken.
Konsistenz
Verfahren sollen mit größtmöglicher Objektivität und unabhängig von der Zeit, der jeweiligen Situation und den beteiligten Personen angewendet werden. Die Konsistenz eines Verfahrens garantiert die Chancengleichheit für die Betroffenen.

Unvoreingenommenheit

Die Verantwortlichen sollen gegenüber den betroffenen Mitarbeitern neutral und unparteiisch sein. Sie dürfen vom Ausgang des Verfahrens nicht profitieren und kein persönliches Interesse am Ergebnis von Entscheidungen haben.

Genauigkeit

Ein Verfahren muss dafür sorgen, dass möglichst alle Informationsquellen für eine Entscheidung erschlossen und ausgeschöpft werden. Ein Verfahren wird als unfair empfunden, wenn Meinungen und Sichtweisen einzelner Entscheidungsträger zu großes Gewicht haben oder hastige Entscheidungen begünstigt werden.

Ethische Grundsätze

Das Verfahren muss mit den ethischen Vorstellungen der Betroffenen übereinstimmen. Grundsätzlich dürfen Verfahren die Privatsphäre der Mitarbeiter nicht beeinflussen und müssen alle manipulativen Manöver wie List und Täuschung ausschließen.

Eine Grundvoraussetzung für die Wirksamkeit dieser Prinzipien ist *Transparenz*: Sind die Verfahren, nach denen im Unternehmen Entscheidungen gefällt werden, für die Mitarbeiter undurchschaubar, fühlen sie sich diesen hilflos ausgeliefert. In der Folge entstehen leicht Gerüchte und Misstrauen gegenüber den Absichten der Entscheidungsträger. Das beeinträchtigt die Akzeptanz von Entscheidungen und die Mitarbeiter fühlen sich ungerecht behandelt.

Ob ein Verfahren als fair eingeschätzt wird, hängt weniger von seinen objektiven Merkmalen als vielmehr vom Erleben der Betroffenen ab. Daher hat das Verhalten derjenigen, die solche Verfahren umsetzen, besondere Bedeutung für die Verfahrensgerechtigkeit (Müller, 1998).

Verhalten bei der Umsetzung von Verfahren

Berücksichtigung

Die individuellen und sozialen Bedürfnisse der Betroffenen müssen berücksichtigt werden. Die Verantwortlichen müssen sich gegenüber den Mitarbeitern offen, aufgeschlossen und freundlich präsentieren. Die soziale Atmosphäre, in der Entscheidungen getroffen werden, hat erhebliche Auswirkungen darauf, ob die Entscheidungen als fair erlebt werden!

Kommunikative Integrität

Verfahren werden als fair erlebt, wenn die für eine Entscheidung verantwortlichen Personen glaubwürdig vermitteln können, dass sie sich um Objektivität bemüht haben. Führungskräfte müssen vertrauenswürdig kommunizieren, dass sie alle Informationen gründlich abgewogen und dann unvoreingenommen entschieden haben.

Flexible Behandlung

Stures Beharren auf allgemeinen Verfahrensregeln kann zum Eindruck unfairen Verhaltens führen. Legen die Bedingungen eine Ausnahme nahe, sollten die Regeln auch flexibel behandelt werden.

Rasche Rückmeldung

Verfahren werden als fair erlebt, wenn Zwischenergebnisse oder Beschlüsse unverzüglich den Betroffenen mitgeteilt werden. Erfahren Mitarbeiter, dass eine für sie wichtige Entscheidung schon vor längerer Zeit getroffen wurde, fühlen sie sich allein aufgrund dieser zeitlichen Verzögerung verbittert und ungerecht behandelt.

Aufklärung

Vor allem wenn die Konsequenzen von Entscheidungen negativ für die Mitarbeiter sind, müssen sie ausführlich informiert werden – was waren die Hintergründe der Entscheidung, wie ist die Entscheidung zustande gekommen, wie wurden die Konsequenzen abgewogen usw. Obwohl solche Entscheidungen immer schwer zu tragen sind, lassen sich dadurch die automatisch entstehenden Gefühle der Ungerechtigkeit abmildern.

Gerechte Verfahren stärken die Bindung der Mitarbeiter an das Unternehmen und das Vertrauen in seine Autoritäten, denn die Anwendung fairer Verfahren durch Führungskräfte, das heißt derjenigen, die von der Organisation mit Autorität ausgestattet wurden, demonstriert den Respekt vor den Rechten und der Würde der Mitarbeiter. Ein solches Verhalten wiederum verstärkt deren Vertrauen in ihre Vorgesetzten. In der Folge sind die Mitarbeiter weniger geneigt, das Unternehmen zu wechseln, sie zeigen größere Bereitschaft zu unternehmerischem Verhalten und kontraproduktives, den Betrieb schädigendes Verhalten nimmt ab (Folger & Cropanzano, 1997; Nerdinger, 2001 c). Gerechte Verfahren schaffen die Voraussetzung, damit sich die Motivation der Mitarbeiter positiv entfalten kann!

7.2.3 Beachten, wie Verteilungen wahrgenommen werden

Bei Belohnungen – besonders finanziellen – zählt nicht die absolute Höhe, sondern die wahrgenommene Gerechtigkeit. Ungerecht behandelt fühlt man sich, wenn eine Vergleichsperson, die scheinbar gleiche Leistungen bringt, mehr Entgelt erhält. Das führt zu Ärger und – hier entfaltet das Gefühl der Ungerechtigkeit seine motivierende Bedeutung – zum Wunsch, ein faires Gleichgewicht wieder herzustellen. Gewöhnlich werden sich Mitarbeiter um eine Verbesserung der Belohung, besonders des Gehalts bemühen. Ist dies nicht möglich, werden sie entweder die Quantität oder die Qualität der eigenen Leistungen verringern. In der Praxis ist das zum Beispiel zu beobachten, wenn ein neuer Mitarbeiter in eine bestehende Arbeitsgruppe kommt, der besser bezahlt wird als die anderen Mitglieder des Teams. Plötzlich fühlen sich die anderen Mitarbeiter unterbezahlt, obwohl sich an ihrem Gehalt nichts geändert hat. Dahinter steht die Erklärung, „der Neue macht ja auch nicht mehr, bekommt dafür aber mehr!"

Das Problem ist nun, dass sich das Gefühl der Gerechtigkeit häufig nicht einfach herstellen lässt: Mitarbeiter vergleichen sich mit unterschiedlichen Personen und berücksichtigen die verschiedensten Einsätze, nicht nur die Quantität und die Qualität der Arbeitsergebnisse, sondern auch die berufliche Vorerfahrung, die Ausbildung, das Lebensalter oder gar die Zahl der Kinder. Auch die Belohnungen werden ganz selektiv berücksichtigt, mal sieht man auf das Geld, dann auf Statussymbole, Reisemöglichkeiten, Seminarbesuche oder aber die emotionale Zuwendung durch den Vorgesetzten. Zudem besteht grundsätzlich die Tendenz, die eigenen Einsätze genauso zu überschätzen wie die Belohnungen der anderen, so dass sich sehr leicht das Gefühl des „Zu-Kurz-Kommens" einstellt.

Vorgesetzte können dem auf zwei Wegen entgegenwirken. Zum einen muss in allen Belohnungsfragen *größtmögliche Transparenz* bestehen. Die Kriterien, anhand derer Belohnungen verteilt werden, müssen klar und nachvollziehbar sein. Zum anderen muss man die Sichtweise der Mitarbeiter genau kennen und verstehen lernen. Dafür eignen sich Mitarbeitergespräche (Fiege et al., 2001). Besonders wichtig ist es herauszufinden, wie die Mitarbeiter ihre Leistung einschätzen und mit wem sie sich vergleichen. Das gibt den Führungskräften Hinweise darauf, wie die Mitarbeiter sich selbst und ihre Leistung bewerten und aus der von ihnen gewählten Bezugsperson lässt sich auf ihre individuellen Bewertungsmaßstäbe schließen. Wenn ein Vorgesetzter diese Informationen hat, kann er den Mitarbeitern die Verteilung von Belohnungen besser erklären und bei künftigen Belohnungen die individuellen Sichtweisen angemessen berücksichtigen.

> In allen Fragen der Belohnung muss größtmögliche Transparenz bestehen; in Mitarbeitergesprächen müssen die Aufwands-Ertrags-Kalkulationen und die Vergleichspersonen der Mitarbeiter ermittelt werden.

7.2.4 Für gerechte Verfahren sorgen

Letztlich kann nicht immer und bei allen Mitarbeitern das Gefühl gerechter Verteilung erzeugt werden. Umso wichtiger ist es, dass die Verfahren, die einer Verteilung zugrunde liegen, als gerecht erlebt werden. Hier können sich Führungskräfte an folgenden Maximen orientieren:

Verfahren gerecht gestalten

– Die Mitarbeiter an für sie wichtigen Entscheidungen beteiligen: Ihre Meinung muss gehört und bei der Entscheidung berücksichtigt werden.
– Verfahren mit größtmöglicher Objektivität und unabhängig von der Zeit, der jeweiligen Situation und den beteiligten Personen anwenden.
– Nur Verfahren anwenden, die gegenüber allen Mitarbeitern neutral und unparteiisch sind.
– Verfahren so gestalten, dass möglichst alle Informationsquellen für eine Entscheidung erschlossen und ausgeschöpft werden. Keinesfalls darf die Meinung einzelner stärker gewichtet werden.
– Verfahren dürfen die Privatsphäre der Mitarbeiter nicht beeinflussen und müssen alle Manipulationen ausschließen.

Noch wichtiger als die Gestaltung des Verfahrens ist aber das Verhalten derer, die es umsetzen. Daher müssen Führungskräfte sehr darauf achten, dass ihr Verhalten als gerecht erlebt wird. Auch dafür lassen sich einige prinzipielle Regeln formulieren:

Sich gerecht verhalten

– Bei der Entscheidung über die Verteilung von Belohnungen müssen die individuellen und sozialen Bedürfnisse der Betroffenen berücksichtigt werden.
– Grundsätzlich sollen sich Führungskräfte gegenüber den Mitarbeitern offen, aufgeschlossen und wohlwollend verhalten.
– Bei der Bekanntgabe einer Entscheidung muss glaubwürdig vermittelt werden, dass man sich um Objektivität bemüht hat. Das gelingt am überzeugendsten, wenn tatsächlich vorher alle Informationen gründlich abgewogen werden und man dann nach bestem Wissen und Gewissen entscheidet.
– Trotz Orientierung an den Regeln muss man flexibel bleiben – legt ein konkreter Fall eine Ausnahme nahe, sollten die Regeln auch flexibel behandelt werden.
– Zwischenergebnisse oder Beschlüsse den Betroffenen unverzüglich mitteilen.

– Vor allem wenn die Konsequenzen von Entscheidungen negativ für
die Mitarbeiter sind, müssen sie ausführlich und verständnisvoll über
die Hintergründe und die Ursachen informiert werden.

Das sind hohe und hehre Ansprüche, denen wohl niemand immer und
überall vollständig genügen kann. Das kann aber auch niemand verlangen.
Entscheidend ist, dass die Mitarbeiter das aufrichtige Bemühen erkennen.
Das wird sich positiv auf die Bindung an das Unternehmen und ihr Engagement für seine Ziele auswirken.

Literatur

Adams, J. S. (1965). Inequity in social exchange. *Advances in Experimental Social Psychology, 2,* 267–299.

Anderson, Ch. J. (2003). The psychology of doing nothing: Forms of decision avoidance result from reason and emotion. *Psychological Bulletin, 129,* 139–167.

Antoni, C. H. (2000). *Teamarbeit gestalten. Grundlagen, Analysen, Lösungen.* Weinheim: Beltz.

Bagozzi, R. P., Baumgartner, H. & Pieters, R. (1998). Goal-directed emotions. *Cognition and Emotion, 12,* 1–26.

Bamberg, E., Ducki, A. & Metz, A.-M. (Hrsg.) (1998). *Handbuch Betriebliche Gesundheitsförderung. Arbeits- und Organisationspsychologische Konzepte.* Göttingen: Hogrefe.

Bandura, A. (1991). Social cognitive theory of self-regulation. *Organizational Behavior and Human Decision Processes, 50,* 248–287.

Bandura, A. (1997). *Self-efficacy: The exercise of control.* New York: Freeman.

Baumeister, R. F. & Leary, M. R. (1995). The need to belong: Desire for interpersonal attachments as a fundamental human motivation. *Psychological Bulletin, 117,* 497–529.

Benz, M., Kucher, M. & Stutzer, A. (2000). Aktienoptionen für Topmanager – die Möglichkeiten und Grenzen eines Motivationsinstrumentes. In B. Frey & M. Osterloh (Hrsg.), *Managing Motivation* (S. 105–134). Wiesbaden: Gabler.

Berkel, K. & Lochner, D. (2001). *Führung: Ziele vereinbaren und Coachen.* Weinheim: Beltz.

Bruggemann, A., Großkurth, P. & Ulich, E. (1975). *Arbeitszufriedenheit.* Bern: Huber.

Büssing, A., Drodofsky, A. & Hegendörfer, K. (2003). *Telearbeit und Qualität des Arbeitslebens.* Göttingen: Hogrefe.

Campbell, J. P., McCloy, R. A., Oppler, S. H. & Sager, Ch. E. (1993). A theory of performance. In N. Schmitt, W. C. Borman and Ass. (Hrsg.), *Personnel selection in organizations* (S. 35–69). San Francisco, CA.: Jossey-Bass.

Cialdini, R. B. (2002). *Die Psychologie des Überzeugens.* 2. Aufl. Bern: Huber.

Colvin, C. R., Funder, D. C. & Block, J. (1995). Overly positive self-evaluations and personality: Negative implications for mental health. *Journal of Personality and Social Psychology, 68,* 1152–1162.

Comelli, G. & von Rosenstiel, L. (2003). *Führung durch Motivation. Mitarbeiter für Organisationsziele gewinnen.* 3. Aufl. München: Vahlen

Cropanzano, R. & Greenberg, J. (1997). Progress in organizational justice: tunneling through the maze. *International Review of Industrial and Organizational Psychology, 12,* 317–372.

Deci, E. & Ryan, R. M. (1985). *Intrinsic motivation and self-determination in human behavior.* New York: Plenum Press.

Dostal, W. (1999). *Telearbeit in der Informationsgesellschaft.* Göttingen: Hogrefe.

Erez, M., Thierry, H. & Kleinbeck, U. (Hrsg.) (2001). *Work motivation in a globalizing economy.* Hillsdale, NJ: Erlbaum.

Eisenberger, R. & Cameron, J. (1996). Detrimental effects for reward. Reality or myth? *American Psychologist, 51,* 1153–1166.

Fay, D. (2003). Zielsetzung als Führungsinstrument: Nützlich für die Entwicklung von Eigeninitiative? In S. Koch, J. Kaschube & R. Fisch (Hrsg.), *Eigenverantwortung in Organisationen* (S. 179–191). Göttingen: Hogrefe.

Farr, J. L. (1991). Leistungsfeedback und Arbeitsverhalten. In H. Schuler (Hrsg.), *Beurteilung und Förderung beruflicher Leistung* (S. 57–80). Stuttgart: VAP.

Fiege, R., Muck, P. M. & Schuler, H. (2001). Mitarbeitergespräche. In H. Schuler (Hrsg.), *Lehrbuch Personalpsychologie* (S. 433–480). Göttingen: Hogrefe.

Folger, R. & Cropanzano, R. (1997). *Organizational justice and human ressource management.* Thousand Oaks, CA: Sage.

Flanagan, J. G. (1954). The critical incident technique. *Psychological Bulletin, 51,* 327–358.

Frese, M., Erbe-Heinbokel, M., Grefe, J., Rybowiak, V. & Weike, A. (1994). „Mir ist es lieber, wenn ich genau gesagt bekomme, was ich tun muss": Probleme der Akzeptanz von Verantwortung und Handlungsspielraum in Ost und West. *Zeitschrift für Arbeits- und Organisationspsychologie, 38,* 22–33.

Frese, M. & Fay, D. (2001). Personal initiative: An active performance concept for work in the 21st century. *Research in Organizational Behavior, 23,* 133–187.

Frey, B. (2000). Wie beeinflusst Lohn die Motivation? In B. Frey & M. Osterloh (Hrsg.), *Managing Motivation* (S. 71–104). Wiesbaden: Gabler.

Frey, B. & Osterloh, M. (2000). Motivation – der zwiespältige Produktionsfaktor. In B. Frey & M. Osterloh (Hrsg.), *Managing Motivation* (S. 19–42). Wiesbaden: Gabler.

Furnham, A. & Argyle, M. (1998). *The psychology of money.* London: Routledge.

Gebert, D. (2002). *Führung und Innovation.* Stuttgart: Kohlhammer.

Gebert, D. & von Rosenstiel, L. (2002): *Organisationspsychologie.* 5. Aufl. Stuttgart: Kohlhammer.

Gollwitzer, P. M. (1996). Das Rubikonmodell der Handlungsphasen. In J. Kuhl & H. Heckhausen (Hrsg.), *Motivation, Volition und Handlung.* Enzyklopädie der Psychologie, C IV 4. (S. 531–582). Göttingen: Hogrefe.

Goschke, Th. (2002). Volition und kognitive Kontrolle. In J. Müsseler & W. Prinz (Hrsg.), *Allgemeine Psychologie.* (S. 271–336). Heidelberg: Spektrum.

Greenberg, J. (1990). Employee theft as a reaction to underpayment inequity: The hidden cost of pay cuts. *Journal of Applied Psychology, 75,* 561–568.

Hackman, J. R. & Oldham, G. R. (1980). *Work redesign.* Reading, Mass.: Addison-Wesley.

Hartmann, H. (1993). Empowerment! Alle Macht den Mitarbeitern … *Management Revue, 4,* 115–132.

Heath, C. (1999). On the social psychology of agency relationships: Lay theories of motivation overemphasize extrinsic incentives. *Organizational Behavior and Human Decision Processes, 78,* 25–62.

Heckhausen, H. (1989). *Motivation und Handeln.* 2. Aufl. Berlin: Springer.

Heider, F. (1958). *The psychology of interpersonal relations.* New York: Wiley.

Herzberg, F. (1968). One more time: How do you motivate employees? *Harvard Business Review, 46,* 53–62.

Herzberg, F., Mausner, B. & Snyderman, B. (1959). *The motivation to work.* New York: Wiley.

Hovestädt, W. (1997). *Sich selbst organisieren. Weg vom Zeitdruck: Wie man sich die Arbeit erleichtern kann.* Weinheim: Beltz.

Jenkins, G. D. Jr., Mitra, A., Gupta, N. & Shaw, J. D. (1998). Are financial incentives related to performance? A meta-analytic review of empirical research. *Journal of Applied Psychology, 83,* 777–787.

Judge, T. A., Thoresen, C. J., Bono, J. E. & Patton, G. K. (2001). The job satisfaction-job performance relationship: A qualitative and quantitative review. *Psychological Bulletin, 127,* 376–407.

Johnston, W. J. & Kim, K. (1994). Performance, attribution, and expectancy linkages in personal selling. *Journal of Marketing, 58*, 68–81.

Kanfer, F. H. (1996). Die Motivierung von Klienten aus der Sicht des Selbstregulationsmodells. In J. Kuhl & H. Heckhausen (Hrsg.), *Motivation, Volition und Handlung*. Enzyklopädie der Psychologie, C IV 4. (S. 909–922). Göttingen: Hogrefe.

Kanfer, F. H., Reinecker, H. & Schmelzer, D. (1996). *Selbstmanagement-Therapie*. Berlin: Springer.

Kaplan, R. S. & Norton, D. P. (1997). *Balanced Scorcard. Strategien erfolgreich umsetzen*. Stuttgart: Schäffer-Poeschel.

Kehr, H. M. (2002). *Souveränes Selbstmanagement. Ein wirksames Konzept zur Förderung von Motivation und Willensstärke*. Weinheim: Beltz.

Kleinbeck, U. (1996). *Arbeitsmotivation*. Weinheim: Juventa.

Kleinbeck, U. & Schmidt, K.-H. (1996). Die Wirkung von Zielsetzungen auf das Handeln. In J. Kuhl & H. Heckhausen (Hrsg.), *Motivation, Volition und Handlung*. Enzyklopädie der Psychologie, C IV 4. (S. 875–907). Göttingen: Hogrefe.

Kluger, A. N. & DeNisi, A. (1996). The effects of feedback interventions on performance: A historical review, a meta-analysis, and a preliminary feedback intervention theory. *Psychological Bulletin, 119*, 254–284.

Latham, G. P. & Baldes, J. J. (1975). The „practical significance" of Locke's theory of goal setting. *Journal of Applied Psychology, 60*, 122–124.

Latham, G. P., Erez, M. & Locke, E. A. (1988). Resolving scientific disputes by the joint design of crucial experiments by the antagonists: Application to the Erez-Latham dispute regarding participation in goal setting. *Journal of Applied Psychology, 73*, 753–772.

Leidenfrost, J., Götz, K. & Hellmeister, G. (1999). *Persönlichkeitstrainings im Management. Methoden, subjektive Erfolgskriterien und Wirkungen*. Mering: Hampp.

Locke, E. A. & Latham, G. P. (1990). *A theory of goal setting and task performance*. Englewood Cliffs, N. J.: Prentice-Hall.

Locke, E. A. & Latham, G. P. (2002). Building a practically useful theory of goal setting and task motivation. A 35-year odyssey. *American Psychologist, 57*, 705–717.

Marcus, B. & Schuler, H. (2001). Leistungsbeurteilung. In H. Schuler (Hrsg.), *Lehrbuch Personalpsychologie* (S. 397–431). Göttingen: Hogrefe.

Maslow, A. (1981). *Motivation und Persönlichkeit*. Reinbek bei Hamburg: Rowohlt. [original: 1954]

Mitchell, T. R. (1995). Führungstheorien – Attributionstheorie. In G. Reber, A. Kieser & R. Wunderer (Hrsg.), *Handwörterbuch Führung* (Sp. 847–861). Stuttgart: Schäffer-Poeschel.

Mitchell, T. R., Thompson, K. R. & George-Falvy, J. (2000). Goal setting: Theory and practice. In C. L. Cooper & E. A. Locke (Hrsg.), *Industrial and organizational psychology: Linking theory to practice*. (S. 216–249). Oxford: Blackwell.

Moser, K. (1996). *Commitment in Organisationen*. Bern: Huber.

Müller, G. F. (1998). Prozedurale Gerechtigkeit in Organisationen. In G. Blickle (Hrsg.), *Ethik in Organisationen* (S. 57–70). Göttingen: VAP.

Nerdinger, F. W. (1994). *Zur Psychologie der Dienstleistung*. Stuttgart: Schäffer-Poeschel.

Nerdinger, F. W. (1995). *Motivation und Handeln in Organisationen*. Stuttgart: Kohlhammer.

Nerdinger, F. W. (1997). Integration des Fach- und Führungsnachwuchses in flexible Organisationen – auf dem Weg zu einem neuen psychologischen Kontrakt? In L. von Rosenstiel, Th. Lang-von Wins & E. Sigl (Hrsg.), *Perspektiven der Karriere* (S. 43–62). Stuttgart: Schäffer-Poeschel.

Nerdinger, F. W. (2000). *Erfolgreich führen. Grundwissen, Strategien, Praxisbeispiele.* Weinheim Beltz.

Nerdinger, F. W. (2001a). *Psychologie des persönlichen Verkaufs.* München: Oldenbourg.

Nerdinger, F. W. (2001b). *Formen der Beurteilung im Unternehmen.* Weinheim: Beltz.

Nerdinger, F. W. (2001c). Motivierung. In H. Schuler (Hrsg.), *Lehrbuch Personalpsychologie.* (S. 349–371). Göttingen: Hogrefe.

Nerdinger, F. W. (2003). *Kundenorientierung.* Göttingen: Hogrefe.

Nerdinger, F. W., Rosenstiel, L. von, Sigl, E. & Spieß, E. (1990). *Handelsvertreter und Verkaufsleiter.* Stuttgart: Poeschel.

Neuberger, O. (1985). *Arbeit.* Stuttgart: Enke.

Neubert, M. N. (1998). The value of feedback and goal setting over goal setting alone and potential moderators of this effect: A meta-analysis. *Human Performance, 11,* 321–335.

Oberholzer-Gee, F. & Osterloh, M. (2000). Leistungslohn als Motivations- und Selektionsinstrument. In B. Frey & M. Osterloh (Hrsg.), *Managing Motivation* (S. 135–160). Wiesbaden: Gabler.

Rosenstiel, L. von (1988). Motivationsmanagement. In M. Hofmann & L. von Rosenstiel (Hrsg.), *Funktionale Managementlehre* (S. 214–264). Berlin: Springer.

Rosenstiel, L. von (1999). Motivation von Mitarbeitern. In L. von Rosenstiel, M. Domsch & E. Regnet (Hrsg.), *Führung von Mitarbeitern* (S. 173–192). 4. Aufl.. Stuttgart: Schäffer-Poeschel.

Schneider, K. & Schmalt, H.-D. (2000). *Motivation.* 3. Aufl. Stuttgart: Kohlhammer.

Seiwert, L. J. (2001). *Life-Leadership. Sinnvolles Selbstmanagement für ein Leben in Balance.* Frankfurt a. M.: Campus.

Semmer, N. (1995). Die Komplexität der Motivation. *Psychoscope, 16 (10),* 11–15.

Six, B. & Kleinbeck, U. (1989). Arbeitsmotivation und Arbeitszufriedenheit. In E. Roth (Hrsg.), *Organisationspsychologie.* Enzyklopädie der Psychologie, D III 3. (S. 348–398). Göttingen: Hogrefe.

Stajkovic, A. D. & Luthans, F. (1998). Self-efficacy and work-related performance: A meta-analysis. *Psychological Bulletin, 124,* 240–261.

Sundvik, L. & Lindeman, M. (1998). Acquaintanceship and the discrepancy between supervisor and self-assessments. *Journal of Social Behavior and Personality, 13,* 117–126.

Thierry, H. (2002). Enhancing performance through pay and reward systems. In: S. Sonnentag (Hrsg.), *Psychological management of individual performance* (S. 325–347). New York: Wiley.

Thomae, H. (1965). Zur allgemeinen Charakteristik des Motivationsgeschehens. In H. Thomae (Hrsg.), *Motivation. Handbuch der Psychologie. Bd. 3.* (S. 45–122). Göttingen: Hogrefe.

Udris, I. & Frese, M. (1999). Belastung und Beanspruchung. In C. Graf Hoyos & D. Frey (Hrsg.), *Arbeits- und Organisationspsychologie. Ein Lehrbuch.* (S. 429–445). Weinheim: PVU.

Ulich, E. (2001). *Arbeitspsychologie.* 5. Aufl. Stuttgart: Schäffer-Poeschel.

Vroom, V. (1964). *Work and Motivation.* New York: Riley.

Wallace, I. (1977). Self-control techniques of famous novelists. *Journal of Applied Behavior Analysis, 10,* 515–525.

Wegge, J. (1998). Die Zielsetzungstheorie: Ein kritischer Blick auf Grundlagen und Anwendungen. In O. L. Braun (Hrsg.), *Ziele und Wille in der Psychologie: Grundlagen und Anwendungen* (S. 3–50). Landau: Verlag Empirische Pädagogik.

Weiner, B. (1985). An attributional theory of achievement motivation and emotion. *Psychological Review, 92,* 548–573.

Weiner, B. (1994). *Motivationspsychologie.* Weinheim: Beltz.

Wright, P. M., Hollenbeck, J. R., Wolf, S. & McMahan, G. C. (1995). The effects of varying goal difficulty operationalizations on goal setting outcomes and processes. *Organizational Behavior and Human Decision Processes, 61,* 28–43.

Wunderer, R. & Dick, W. (Hrsg.)(1998). *Mitarbeiter als Mitunternehmer.* Neuwied: Luchterhand.

Stichwortverzeichnis

Aktienoptionen 30, 91
Anerkennung 6, 16, 19, 21, 30, 34,
    36–38, 40, 43, 67–68, 82, 97
Anreiz(e) 2–4, 14–15, 17–19, 22, 32,
    35–37, 43, 50, 65, 74
– finanzielle 29–31
Anspruchsniveau 9–11, 62
Anstrengung 21, 30, 40, 45, 50–51, 63,
    75–76, 78, 80–81, 83
Arbeitsinhalt 19–20
Assessment Center 22, 34, 55, 63
Attribution 74, 76–78
– external 75, 79
– internal 75, 77, 79
Aufgabe 1–8, 10, 13–14, 20–31, 33–34,
    36–39, 45–53, 55–57, 59–60, 63–66,
    68, 71–72, 74–77, 79–81, 83
– einfache 50
– komplexe 50–51, 59–60
Aufstieg 8, 19–22, 34–37, 83

Balanced Scorecard 53

Coaching 53, 59–60
Commitment 13, 47, 58
– emotionales 13–14
– kalkulatives 13

Effektivität 6–7
Empowerment 13, 27, 66
Entwicklungsziele 52–53
Erwartung 35–36, 39, 42, 65, 74, 76

Fehlzeiten 8
Fluktuation 8

High Potentials 53
Hygienefaktoren 18–20

Innovation(s) 53
– -ziele 52
Instrumentalität 35–37, 40, 43
Intrapreneur 13, 27, 66

Kritik 21, 40, 42
– -gespräch 68, 77
Kundenorientierung 13, 32

Leistung 1, 3, 6–8, 12, 14–15, 25–31,
    34–37, 40, 43, 45–51, 54, 57, 59–60,
    63, 76, 79, 81, 83–84, 88
– -bereitschaft 17, 19–20, 22, 33, 45, 83
– -verhalten 6–7, 21, 43, 49, 62

Macht 3, 6
Mitarbeiter 1–7, 9–14, 17, 20–28, 31–34,
    36–60, 63–64, 66, 68–70, 74, 76–90
– -befragung 8, 21
– -beurteilung 7, 43, 61
– -gespräch 5–7, 12, 40–41, 68–72, 82,
    88
Motiv 1–2, 4, 6
Motivation 1–2, 4, 6–8, 12, 14–15, 17,
    19, 22, 24–25, 28–29, 32–34, 36–43,
    45, 52, 54, 62, 70, 73–74, 76–80,
    82–83, 87
– extrinsische 22
– intrinsische 22–24, 28–29
Motivatoren 19–20, 22, 28

Organisation, lernende 21

Qualifikation 37

Reorganisation 66
Rückmeldung 24–25, 27, 47, 49–50, 59,
    63, 78, 87

Selbst
– -belohnung 61, 65
– -bekräftigung 67, 72
– -beobachtung 5, 61–63, 65
– -bewertung 61, 64–66
– -einschätzung 42, 66–67
– -motivation 61–62, 64, 66–67, 70–72
– -überwachung 66
– -vertrauen 42, 44, 48–49
– -verwirklichung 16
– -wertgefühl 24, 63, 77–78
– -wirksamkeit 46–50, 58, 65
Selektionseffekt 31
Situationkontrolle 71
Standardziele 52
Stress 48
Stücklohn 31, 84

Teamarbeit 27
Telearbeit 25
Training 67

Verbesserungsvorschläge 3–4, 53
Verdrängungseffekt 29
Verfahrensgerechtigkeit 82, 85–86
Verhalten, unternehmerisches 1, 12–14
Verteilungsgerechtigkeit 82

Wert 9, 26, 28, 30, 35–38, 46, 74, 76

Zeitlohn 84
Ziel 1, 6, 8, 14, 24, 27–28,
    32–34, 45–52, 54–60, 63–64,
    66, 70, 73
– -bindung 46–48, 58
– -höhe 54–55, 59
– -schwierigkeit 45
– -vereinbarung 56–58
– -vereinbarungsgespräch 51–52, 61
Zufriedenheit 1, 6, 8–10, 12, 14, 17,
    19–20, 22, 27, 29, 34, 53–54, 57, 76

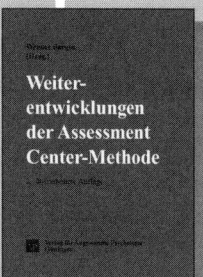

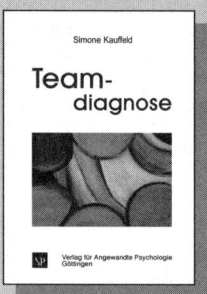